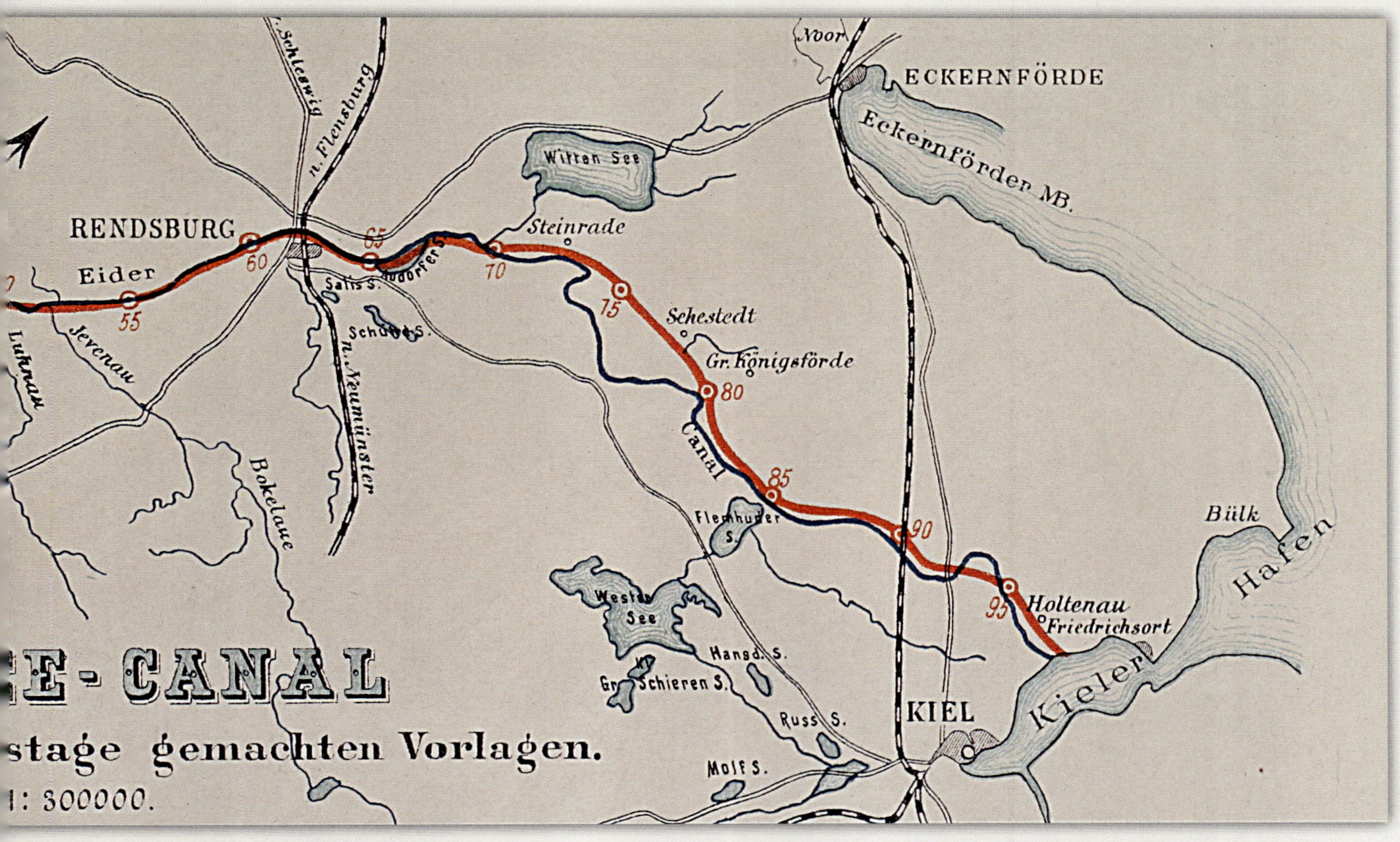
ECKERNFÖRDE
Eckernförder MB.
Witten See
RENDSBURG
Eider
Steinrade
Schestedt
Gr. Königsförde
Canal
Holtenau
Friedrichsort
Bülk
Hafen
Kieler
KIEL
Jevenau
Bokelaue
n. Schleswig
n. Flensburg
n. Neumünster
Westen See
Hansd. S.
Gr. Schieren S.
Russ. S.
Molf S.
Voor
55
60
65
70
75
80
85
90
95
E-CANAL
stage gemachten Vorlagen.
1: 300000.

Nord-Ostsee-Kanal

DER
NORD-OSTSEE-
KANAL.

Klaus Alberts

Der Traum vom Nord-Ostsee-Kanal

Nationalsymbol des Deutschen Kaiserreiches

Eine Geschichts-Reportage

BOYENS

Vorsatz vorne:
Karte der geplanten Linienführung des Nord-Ostsee-Kanals zur Entscheidung im Deutschen Reichstags , 1885.
Schleswig-Holsteinische Landesbibliothek

Vorsatz hinten:
Karte des verwirklichten Verlaufs des Nord-Ostsee-Kanals (zum Buch von C. Beseke).
Schleswig-Holsteinische Landesbibliothek

Frontispiz:
Umschlag des Ortsalbums Holtenau „Nord-Ostsee-Kanal".
Schleswig-Holsteinische Landesbibliothek

Herausgegeben in Zusammenarbeit mit der Klaus-Groth-Gesellschaft, Heide in Holstein.

Band 38 in der Reihe „zeit + geschichte" der Sparkassenstiftung Schleswig-Holstein

Finanzgruppe
Sparkassenstiftung
Schleswig-Holstein

BOYENS
BUCHVERLAG

ISBN 978-3-8042-1401-9

Lektorat: Prof. Dr. Dieter Lohmeier
Herstellung: Boyens Buchverlag
Gestaltung: Dörte Kromrei
Druck: BELTZ Bad Langensalza GmbH, Bad Langensalza
Printed in Germany

Inhalt

Zum Buch

Probefahrt, 5. Juni 1895.

Die wahre Geschichte des Nord-Ostsee-Kanals ist nicht seine Geschichte als Handels- oder Marine-Kanal. Seine wahre Geschichte ist, dass er Symbol und Geste ist.

Bismarck hatte begriffen, dass der Kanal sich wie kaum etwas anderes eignete, Sinnbild zu sein, und dass die alte Nation, die nun ein junges Reich war, eines Identifikationssymbols bedurfte. In sich selbst trägt der Kanal seine Begründung. Deutlich verkörpern dieses die Feiern zur Grundsteinlegung 1887 und zur Eröffnung 1895: Wilhelm I., in seiner würdigen, ehrfurchtgebietenden, überzeitlichen Erscheinung, verkörpert Sehnsucht, aber auch Erfüllung des deutschen Traumes, nach den dunklen Jahrhunderten der Zerrissenheit endlich wieder im vereinten Deutschen Reich ankommen zu wollen und angekommen zu sein. Sein in der Öffentlichkeit fast als mythisch wahrgenommenes Kaisertum verbündet sich mit dem großen Werk der Einigkeit, das so zu dessen Symbol wird. Es geht noch nicht so sehr um die Wirkung in die Welt hinaus, es geht um das Signal nach innen. Alle soll es von der Notwendigkeit und Kraft überzeugen, die dem neuen Reich innewohnt und die es verkörpert.

Drei Kaiser verschwistern die Meere.

Ganz anders geht es an den Eröffnungstagen beim Enkel zu. Da ist Deutschland schon im Wilhelminismus angekommen, da gibt es sich unverhüllt groß und mächtig, aufdringlich und gewaltig selbstbewusst. Da ist der Kanal nicht mehr Symbol der Einheit, kann es auch nicht sein, da das Land sich innerlich längst konsolidiert hat. Da ist er Symbol eines nunmehr ganz anderen Deutschland, auf das die Welt doch schon leicht beunruhigt blickt. Wilhelm II. tut nichts, um diese Beunruhigung zu dämpfen. Auf die Idee käme er auch nicht, da er ja in seiner Selbstverliebtheit und vorgeblichen Selbstsicherheit solches gar nicht bemerken könnte.

Man sagt oft, der Erfolg habe viele Väter. Im Falle des Nord-Ostsee-Kanals hat er letztlich in Tat und Wahrheit nur einen: Otto von Bismarck. Er sollte das letzte Wort behalten. Er wollte einen politischen Kanal, er hat ihn durchgesetzt. Eine wesentliche militärische Rolle hat der Nord-Ostsee-Kanal nie gespielt. Ein Bauwerk, das sich für den Staat rentiert hätte, ist er nie geworden. Beide Aspekte haben Bismarck nicht interessiert. Er wusste, dass das neue Reich sich mit einem gewaltigen Kraftakt vor seinen Bürgern und der Welt zeigen musste: Seht her, das bin ich und dazu bin ich in der Lage.

Neben all dem ist der Kanal aber auch eine große Geste Preußens gegenüber der neuen Provinz Schleswig-Holstein. Das Land, dem bis dahin nie eine eigene, konsolidierte Staatlichkeit vergönnt war, wird doch wenigstens durch den Kanal, seinem neuen Identifikationsmerkmal, dauerhaft in die Aufmerksamkeit der Welt gestellt, als Heimat der meistbefahrenen Wasserstraße dieser Welt. Man freut sich daran bis heute.

Große Inszenierung
1. Akt

Programm

für die Feierlichkeiten

zur

Eröffnung des Nord-Ostsee-Kanals

im Juni 1895.

Mittwoch, 19. Juni.

Nachmittags 4 Uhr 15 Min. — **Ankunft Ihrer Majestäten des Kaisers und der Kaiserin in Hamburg Bhf. Dammthor.**

Abends 6½ Uhr. — Festmahl im Rathhause, gegeben von dem Senat der freien und Hansestadt Hamburg; im Anschluß daran Illumination und Feuerwerk auf dem Alsterbassin (Alsterfest).

Zu diesen Festlichkeiten ergehen besondere Einladungen Seitens des Senats. Anzug: Gala mit dunklen Unterkleidern, bezw. Frack und weiße Kravatte, für die Herren vom Militär Paradeanzug mit langen Hosen.

Beförderung nach Hamburg nach Maßgabe der den Gästen zugehenden Beförderungsbestimmungen.

Abends 10½ Uhr. — **Ihre Majestäten der Kaiser und die Kaiserin verlassen das Fest, um Sich einzuschiffen.**

10 Uhr 55 Min. — Die übrigen fürstlichen Personen verlassen das Fest zur Bahnfahrt nach Brunsbüttel. Es folgen nach Maßgabe der Beförderungsbestimmungen die sonstigen Gäste des Reichs.

11 Uhr. — Abfahrt S. M. Aviso »Kaiseradler« nach Brunshausen.

11½ Uhr. — Beginn der Abfahrt für die in Hamburg liegenden Avisos nach Brunsbüttel in nachstehender Reihenfolge: »Lensahn«, »Osborne«, »Trabant«, »Grille«, »Aretusa«, »Enchantreß«, »Surcouf«, »Großjaschtschi«, »Marques de la Ensenada«, »Edda«, »Viking«, »Marblehead«, »Mircea«, »Hekla«, »Alkmaar«.

Donnerstag, 20. Juni.

von 1 Uhr 47 Min. ab. — Ankunft der Gäste mit der Eisenbahn in Brunsbüttel. Zur Kanalfahrt werden die im Binnenhafen liegenden großen Dampfer: »Kaiser Wilhelm II.« (Norddeutscher Lloyd), »Augusta Viktoria« und »Columbia« (Hamburg-Amerika-Linie), »Trave« (Norddeutscher Lloyd), »Rhätia« (Hamburg-Amerika-Linie) bestiegen.

Es liegen:

rechts vorn unmittelbar am Kai »Augusta Viktoria«, jenseits derselben »Kaiser Wilhelm II.«;

links vorn unmittelbar am Kai »Trave«, jenseits derselben »Columbia«, jenseits dieser »Rhätia«.

4 Uhr Morgens. Seine Majestät der Kaiser durchfahren auf der »Hohenzollern« die Brunsbütteler Schleuse. Nach Austritt aus dem Binnenhafen durchschneidet die »Hohenzollern« eine über den Kanal gespannte Schnur. Weitere Ceremonien finden nicht statt.

5 Uhr Morgens. S. M. Yacht »Hohenzollern« nimmt die Fahrt durch den Kanal auf. Die übrigen Schiffe schließen sich in nachstehender Reihenfolge an:

An Bord:

S. M. Aviso »Kaiseradler«: Seine Königliche Hoheit Prinzregent Luitpold von Bayern, Seine Majestät der König von Sachsen, Seine Majestät der König von Württemberg, Seine Kaiserliche Hoheit Großfürst Alexis von Rußland.

Deutscher Schnelldampfer »Kaiser Wilhelm II.«: Deutsche Fürsten, deutsche Gesandte und staatsleitende Minister.

Deutsche Yacht »Lensahn«: Seine Königliche Hoheit der Erbgroßherzog von Oldenburg.

Britische Yacht »Osborne«: Seine Königliche Hoheit der Herzog von York.

Italienische Yacht »Savoia«: Seine Königliche Hoheit der Herzog von Genua.

Oesterreichisch-ungarischer Aviso »Trabant«: Seine Kaiserliche und Königliche Hoheit der Erzherzog Stephan von Oesterreich.

Deutscher Schnelldampfer »Augusta Victoria«: Diplomatie und Bundesrath.

Deutscher Schnelldampfer »Columbia«: Reichstag.

Deutscher Schnelldampfer »Trave«: } Reichstag, preußischer Landtag
Deutscher Postdampfer »Rhätia«: } und übrige Reichsgäste.

S. M. Aviso »Grille«: Kommandirender Admiral.

Italienischer Aviso »Aretusa«.

Britischer Aviso »Enchantreß«.

Französischer Aviso »Surcouf«.

Russischer Aviso »Großjaschtschi«.

Spanischer Aviso »Marques de la Ensenada«.

Schwedisch-norwegischer Aviso »Edda«.

Schwedisch-norwegischer Aviso »Viking«.

Amerikanischer (U. S.) Aviso »Marblehead«.

Rumänischer Aviso »Mircea«.

Dänischer Aviso »Hekla«.

Niederländischer Aviso »Alkmaar«.

Auf der Kanalfahrt werden passirt:

bei km 5,6 die Eisenbahn-Drehbrücke bei Taterphal,

bei km 30 die Eisenbahn- und Straßen-Hochbrücke bei Grünenthal,

bei km 60—62 die Straßen- und Eisenbahn-Drehbrücken bei Rendsburg, bei km 84 (Nordseite) Dalben beim Flemhuder See mit Vermerk des Wasserstandes des früheren Eiderkanals,

bei km 92,5 die Eisenbahn- und Straßen-Hochbrücke bei Levensau.

12½ Uhr Nachmittags. Ankunft der »Hohenzollern« bei Holtenau. Empfang durch die Ehrenwache des 1. Seebataillons und die Ehrenkompagnien des 1. Garde-Regiments zu Fuß und des Füsilier-Regiments Königin Nr. 86. Sobald S. M. Yacht »Hohenzollern« die Holtenauer Schleuse verläßt, wird nach dem Flaggen- und Salut-Reglement verfahren.

Die Dampfer der Reichsgäste begeben sich nach Eintreffen auf ihre Ankerplätze. Für die fremden Offizierkorps findet nach Maßgabe des Eintreffens ihrer Avisos Defilirkour vor **Seiner Majestät dem Kaiser und König** an Bord S. M. Yacht »Hohenzollern« statt.

Den direkt von Berlin nach Kiel gefahrenen Reichsgästen, sowie den Vertretern der Presse ist Gelegenheit gegeben, auf ihren Schiffen (»Kehrewieder« bezw. »Prinz Waldemar«) die Ausfahrt des Festzuges aus dem Kanal von den ihnen zugewiesenen Liegeplätzen aus zu beobachten.

7½ Uhr Abends. Familientafel für die Fürstlichkeiten an Bord S. M. Yacht »Hohenzollern«.

8 Uhr Abends. Ballfest in der Marine-Akademie. Die Damen erscheinen halbhoch ohne Hut, die Herren in kleiner Uniform bezw. Frack und weißer Kravatte. Gleichzeitig zwanglose Vereinigung im Hôtel Bellevue, Düsternbrook.

Die Hin- und Rückfahrtszeiten für die Beischiffe der Reichsdampfer werden nach den Festsetzungen des Verkehrs-Komitees auf den Schiffen bekannt gegeben.

10 Uhr Abends. Feuerwerk. Beleuchtung der Hafenufer durch die Stadt Kiel.

Freitag, 21. Juni.

11 Uhr Vormittags. Festakt zur Eröffnung des Nord-Ostsee-Kanals und Grundsteinlegung auf dem Festplatz am nördlichen Kanalufer nach der beiliegenden besonderen Ordnung. Anzug: Gala mit dunklen Unterkleidern bezw. Frack mit weißer Kravatte, für die Herren vom Militär: Paradeanzug.

Rückkehr **Seiner Majestät des Kaisers** gegen 12 Uhr.

Für die Reichsgäste werden die Hin- und Rückfahrtszeiten nach den Festsetzungen des Verkehrs-Komitees auf den Schiffen bekannt gegeben.

3 Uhr Nachmittags. Flottenrevue. Sämmtliche deutsche Fürsten mit Gefolge und Ordonnanzoffizieren, die regierenden Bürgermeister der freien und Hansestädte, sowie sämmtliche fremden Fürstlichkeiten mit Gefolge und Ehrendienst schiffen sich dazu an Bord S. M. Yacht »Hohenzollern« ein. Anzug: Paradeanzug, für die Herren vom Civil kleine Uniform, bezw. Frack, weiße Kravatte, Cylinder.

Der »Hohenzollern« folgt bei der Revue S. M. Aviso »Grille«, auf welcher eingeschifft sind:

a) die fremden Botschafter mit dem beigegebenen Seeoffizier und die fremden Gesandten,

b) der Reichskanzler und der Kaiserliche Statthalter in Elsaß-Lothringen,

c) die Minister und Gesandten der deutschen Staaten und die Staatssekretäre, sowie der kommandirende General des IX. Armee-Korps und der Ober-Präsident der Provinz Schleswig-Holstein,

d) die Präsidien des Reichstags und des preußischen Landtags.

Der Dampfer der Presse »Prinz Waldemar« nimmt unter Leitung des beigegebenen Seeoffiziers vor Beginn der Revue den befohlenen Platz zur Beobachtung der Revue ein.

Die auf den Reichsdampfern eingeschifften Gäste fahren unmittelbar nach der Revue auf ihren Beischiffen durch die Aufstellung der Flotte, das Schiff der Presse schließt sich dieser Fahrt an.

8 Uhr Abends. Festmahl in der Festhalle am südlichen Kanalufer. Anzug: Gala mit dunklen Unterkleidern bezw. Frack mit weißer Kravatte, für die Herren vom Militär: Paradeanzug mit langen Hosen.

Hin- und Rückfahrt nach den bekannt zu gebenden Festsetzungen des Verkehrs-Komitees.

Sonnabend, 22. Juni.

6³/₄ Uhr Morgens. **Seine Majestät der Kaiser** schiffen Sich mit kleinem Gefolge auf S. M. S. »Kurfürst Friedrich Wilhelm«, die deutschen Fürsten mit Gefolge und Ordonnanzoffizieren und die regierenden Bürgermeister der Hansestädte, sowie die fremden Fürsten mit Gefolge und Ehrendienst auf S. M. Yacht »Hohenzollern« ein.

7 Uhr. Flottenmanöver für das Manövergeschwader. S. M. Yacht »Hohenzollern« folgt der Manöverflotte, die sonst zugelassenen Schiffe schließen sich der Kaiserlichen Yacht an. Diejenigen Reichsgäste, welche das Flottenmanöver beobachten wollen, begeben sich sämmtlich auf die Dampfer »Kaiser Wilhelm II.« und »Augusta Viktoria«.

Gegen 12 Uhr. Rückkehr in den Kieler Hafen.

Nachmittags. Rückreise gemäß den Beförderungsbestimmungen.

Berlin, Reichsdruckerei.

Bedeutende Tage.
Das blitzt und blinkt. Das braust und donnert, viel Geräusch. Laut in jeder Beziehung. Wie Wilhelm II. es mag, wie er es braucht.

21. Juni 1895.
Der Deutsche Kaiser eröffnet den Nord-Ostsee-Kanal, doch das genügt nicht: Er weiht ihn, nicht dass er ihn nur einweihte. Als summus episcopus „seiner" Staatskirche übernimmt er, unter Berufung auf den Segen des Höchsten, den sakralen Teil gleich mit.

Und er hat verordnet, dass der Kanal nach seinem Großvater, Kaiser Wilhelm I., dem Großen, wie er ihn nennt, heißen soll. Damit macht er das Gewässer zur Familienangelegenheit der Hohenzollern, wie alles. Ursprünglich ist dieser Vorschlag entweder vom „Verein zur Hebung der deutschen Fluss- und Kanalschifffahrt" oder vom Hamburger Reeder Hermann Dahlström gemacht worden. Die Herrschaften streiten ein Weilchen über die Urheberschaft. Jedenfalls lehnt der Kaiser mit der ihm eigenen Bescheidenheit ab, was Bismarck den Petenten mitteilen lässt.

Bis 1948 bleibt es bei diesem Namen; dann kehrt man zur bescheidenen, funktionalen Bezeichnung zurück, unter der der Kanal seit den ersten Überlegungen in den Jahren 1848/49, und stets danach, geführt wurde, und wie er seither als immer noch meistbefahrene künstliche Wasserstraße der Welt im deutschen Sprachraum genannt wird: Er wird also wieder – der Nord-Ostsee-Kanal. Nach internationalem Code ist er der Kiel Canal.

Verlag von W. Renard & Schlicht Kiel 1895.

Schlußsteinlegung des Kaiser-Wilhelm-Kanals am 21. Juni 1895 durch S. M. Kaiser Wilhelm II.

Der große Augenblick ist gekommen.

Der Erste Bürgermeister in Erwartung Seiner Majestät.

Seit der Grundsteinlegung am 3. Juni 1887 ist die Provinz Schleswig-Holstein durchstochen worden, damit die größten Kriegs- und Handelsschiffe der Zeit und einer absehbaren Zukunft auf ihrem Weg in Nord- und Ostsee nicht mehr den Weg um Skagen nehmen müssen, der bis in die Zeit der Dampfschifffahrt als hochgefährlich gilt und zahllosen Seeleuten und Schiffen zum Verhängnis wurde, der aber seit dem Beginn des Siegeslaufs der windunabhängigen Seefahrt für die Wirtschaft zunehmend nur noch ein Ärgernis darstellt, weil er Zeit und damit Geld kostet. Die Marinen der verschiedenen deutschen Staaten fürchten im Falle von Spannungen oder Krieg, dass Dänemark mit seinen möglichen Verbündeten Sund und Belte vermint und die deutschen Streitkräfte so in der Ostsee in der Falle sitzen oder aus der Nordsee nicht einlaufen können.

Der Kanal musste also her. Musste? Das wird sich weisen. Auf jeden Fall ist er am 21. Juni 1895 da und wird geweiht.

Ganz große Tage.
Einer reicht nicht. Für die Festlichkeiten werden der 19., der 20., der 21. in Kiel als Höhepunkt, ausklingend dann der 22. bis 26. Juni angesetzt. Sorgfältigste Dramaturgie sorgt für Aufbau, Halten und Abbau der Spannung, meisterhaft, eine große Inszenierung. Spiritus rector und Hauptfigur, alles andere ist nur Komparserie.

Schnell zu seinen Lieblingen …

Nordostseekanal-Feier.

Ankunft Sr. Majestät Kaiser Wilhelm II. in Hamburg
am 19. Juni 1895.

Anwesenheit Sr. Majestät Kaiser Wilhelm II in Hamburg. - Nord-Ostsee Kanalfeier 1895 -

… und erstes Bad in der Menge.

„Bitte zum Rathaus!“

Hamburg:
Es beginnt in Hamburg am 19. Juni. Das hat seine innere Berechtigung, wird doch die Hansestadt durch die Eröffnung des Kanals mit einem Schlag zum größten deutschen Ostseehafen; nicht umsonst sind Hamburger Kaufleute und Bankiers die größten Förderer der Kanalidee im letzten Jahrzehnt vor der Realisierung gewesen.

Diese sachliche Begründung aber ist es nicht, die Wilhelm nach Hamburg führt. Natürlich ist die Stadt mit ihrem weltweiten Handel, ihren globalen Verbindungen ein entscheidender Faktor in wirtschaftlicher Hinsicht. Auch schätzt der Kaiser sie, weil sie ein Symbol der zunehmenden Weltgeltung der deutschen Wirtschaft ist und sein wird. Das aber ist es nicht allein: In Hamburg findet er, wie in keiner deutschen Stadt sonst, das, was er liebt: Die Synthese von ungebrochener Tradition und Moderne. Denn als eine solche sieht er auch sich selbst. In Hamburg findet er sich wieder; die Stadt ist ihm sozusagen auf den Leib geschneidert: Er ist Deutscher Kaiser. König von Preußen ist er auch noch. Aber das wird bei ihm immer mehr in den Hintergrund seines Bewusstseins und seiner Persönlichkeit gedrängt. Er ist der Deutsche Kaiser und sieht sich dabei in der Tradition der mittelalterlichen Kaiser, der großen Figuren, die in ihrer Zeit weltbedeutende Herrschaft repräsentierten.

Die Realität ist eine andere: Das neue deutsche Kaisertum ist ein Kunstprodukt, und es ist

nicht übernational. Will man es überhaupt in einer Traditionslinie sehen, dann wäre es die des nationalen Kaisertums der Franzosen von Napoleon I. und Napoleon III., auch des mexikanischen Maximilian oder der beiden Pedros von Brasilien. Das ist der Staatsrechtslehre der Zeit klar, wird aber mit zunehmender Verblendung über die Größe des Deutschen Reiches und seines Staatsoberhauptes verdrängt.

Das Deutsche Reich, am 18. Januar 1871, dem Gründungstag des Königreichs Preußen im Jahre 1701, in Versailles aus der Taufe gehoben, besteht aus souveränen Bundesstaaten, von Preußen über Bayern und Sachsen, von Württemberg zu den Hansestädten bis hin zu winzigen Gebilden wie Sachsen-Meiningen, Schwarzburg-Sondershausen, Reuß ältere und jüngere Linie, Lippe, um Beispiele zu nennen. Fünfundzwanzig gehören dazu. Die Verfassung des Deutschen Reiches vom 18. April 1871 sieht als höchstes Organ demzufolge auch den Bundesrat als Vertretung der Mitgliedsstaaten vor. Das Präsidium des Bundes führt, als Vertreter des stärksten Gliedes, der König von Preußen. Er ist also ein „Bundespräsident" auf Lebenszeit. Nicht weniger, aber auch nicht mehr. Als es um die Diskussion der staatsrechtlichen Struktur des neuen Deutschen Reiches geht, wäre Wilhelm I. ein solcher Titel wesentlich lieber gewesen, da er mit jeder Faser seiner Persönlichkeit König von Preußen ist, und die neue Titulatur als feudal, unangemessen – womit er Recht hat – und pompös ablehnt. Doch Bismarck wünscht es anders: Er will das monarchistische Element stark in der Verfassung hervorgehoben sehen,

Bismarcks größter Triumph: Das Deutsche Kaiserreich von 1871.

der „Bundespräsident" muss einen Titel tragen, der ihn, obgleich nur primus inter pares, aus den anderen Souveränen hervorhebt. Schließlich will er ein starkes, vereinigendes nationales Symbol, und endlich soll das Reich, im Konzert der Mächte aufstrebend, mit einer nicht zu übertreffenden Titulatur auftreten.

Das ist der wahre Hintergrund von Wilhelms II. Kaisertum, und den kann er auf keinen Fall für seine Person akzeptieren, empfindet ihn als Makel. Er sieht seine kaiserlichen Wurzeln in einer ganz anderen historischen Sphäre, die weit aus der Vergangenheit zu ihm herüberragt und deren gegenwärtiger Höhepunkt er ist.

Es soll nicht verkannt werden, dass – bei aller sonstigen Nüchternheit – die Verfassung des Deutschen Reiches ihm gestattet, sich „Von Gottes Gnaden Deutscher Kaiser" zu nennen. Wenn man auch eine solche Herleitung bei überkommenen Reichen akzeptieren mag, für das Deutsche Reich gilt sie schlicht nicht: Der Deutsche Kaiser ist dieses nur Kraft eines zwischen den deutschen Fürsten und den Städten Bremen, Hamburg und Lübeck geschlossenen Vertrages. Mit der Berufung auf Gottes Gnade unterstützt also diese moderne Verfassung den die „Tradition" anrufenden Wilhelm II. Sie leistet damit – ungewollt gewiss – den in diesem Monarchen angelegten rückwärtsgewandten Phantasien kräftig Vorschub.

„Tradition", das macht ihm Hamburg, wenngleich mit dem kleinen Schönheitsfehler des selbstbewusst nichtadligen Bürgertums, so anziehend: Hier trifft er auf Gleichgesinnte, die eine vielhundertjährige Geschichte ganz selbstverständlich leben, wie er es auch möchte, und die zudem noch „Hanseaten" sind, Nachfahren der wagemutigen Kaufleute des mächtigen Bundes des Mittelalters, der Hanse, die wie kaum etwas sonst im romantisch verklärten Mittelalterbild der Deutschen die eigene glorreiche Vergangenheit widerspiegelt. Hier kann er sich zu Hause fühlen. Er kann sich wärmen.

Aber es ist noch mehr:
Hamburg ist das modernste, beweglichste, am meisten der ganzen Welt zugewandte Gemeinwesen Deutschlands. Hier treffen sich Menschen, Ideen und Warenströme; Hamburg ist eine global orientierte Stadt: New York und San Francisco, Chile und der Ferne Osten, der Indische Ozean und der Pazifische sind nichts Fremdes: Dort ist man gleichermaßen zu Hause, dort gehen die Söhne der Kaufmannschaft in die Lehre, dorthin fahren sie zur See. Die Stadt atmet Welt.

So sieht er sich, so will er gesehen werden: Entschlossen, modern, stark, traditionsbewusst.

Auch deshalb ist Hamburg seine Stadt:
Er will ein moderner Kaiser sein. Er ist jung, sechsunddreißig Jahre alt, und will die abgelebte Welt Bismarcks hinter sich lassen. Er muss sich von ihm freimachen. Die Voraussetzungen sind optimal; denn das deutsche Kaiserreich steht in praktisch allen Lebensbereichen an der Spitze der Nationen.

Qualität und Quantität seiner Industrieproduktion suchen ihresgleichen.

In allen Sparten der Wissenschaft gilt das Land als Vorbild.

Die zahlreichen deutschen Staaten erhalten und pflegen ihr kulturelles Erbe ganz eigenständig und sind stolz darauf, dass Entwicklungen in der zeitgenössischen Kunst sich keineswegs auf Berlin beschränken, sondern dass auch München, Dresden, Stuttgart und Weimar blühen.

Organisation und Ausbildungsstand seiner Armee finden in aller Welt fachliche Bewunderung und Nachahmung.

Und im weltweiten Handel steht Hamburg vielfältig an der Spitze.

Diese Atmosphäre der Modernität, die Weltaufgeschlossenheit mit sich bringt, fasziniert den jungen Kaiser. In dieser Umgebung, geprägt durch fraglos gelebte Tradition und vorwärts gerichtete vorurteilslose Nüchternheit, fühlt er sich wohl.

Noch in einem weiteren treffen sie sich, die Hansestadt und der Fürst: Zur Modernität Wilhelms gehört auch, dass er Imperialist ist, dass er einem Deutschland präsidiert, das er durch den von ihm glühend befürworteten Besitz von Kolonien auf dem Wege zum ernsthaften Mitspieler im „Großen Spiel" der Weltmächte England und Frankreich, Russland und den USA sieht.

Der Imperialismus ist eine der modernen Erscheinungen in der zweiten Hälfte des 19. Jahrhunderts. Auch hier ist Deutschland mit dabei. Und auf ihre Art sind auch die hanseatischen Reeder und Kaufleute Imperialisten; sie vernetzen sich *so* mit den Eliten und der Wirtschaft der von ihnen bedienten Länder, dass Abhängigkeiten entstehen, die in Teilen den politischen der von fremden Staaten beherrschten überseeischen Gebiete ähneln, ihnen wenig nachstehen.

Nach alledem ist es nicht erstaunlich, dass Kaiser Wilhelm II. Hamburg zum ersten Ziel seiner Reise zur Eröffnung der neuen deutschen Weltwasserstraße macht. Die Parallelität von Weltdeutung und Weltverständnis geht aber noch weiter: Wilhelm will Friedenskaiser sein; das will er sein, solange seine Herrschaft dauert. Er weiß, dass nur der Frieden Garant für das langfristige Wohlergehen „seines" Reiches sein kann. Das sieht die große Handelsstadt naturgemäß nicht anders.

Wie auch immer man die Sache betrachtet: Zwischen dem Kaiser und der Hansestadt passt es, und deshalb ist er hier.

19. Juni:
Wohlüberlegter 1. Akt der großen Aufführung: Das wunderbare Friedensfest hebt an.

„Heil dir im Siegerkranz", „Hurrah! Hurrah! Hurrah!" und festliche Rede.

Hamburg steht Kopf.

So etwas hat die Stadt noch nicht gesehen.

Majestäten, Bundesfürsten, Fürstlichkeiten, Prinzen, Bürgermeister aus allen deutschen Staaten, ein russischer Großfürst, ein österreichischer Erzherzog, der Herzog von York und der von Genua, die Kaisersöhne vollzählig, Reichskanzler Fürst Hohenlohe, zahlreiche Abgeordnete des Reichstages, die Spitzen der Wirtschaft. Fürst Bismarck, vor Jahren entlassen, ist der persönlichen Einladung seines Souveräns unter Hinweis auf seinen Gesundheitszustand nicht gefolgt.

Die Stadt prangt nur so im Flaggen-, Blumen- und Lichterschmuck. Auf zahllosen Plakaten leben der Kaiser und seine Gemahlin hoch. Die Straßen, durch die das Paar kommen soll,

Hamburg im Glanze: Seiner selbst und der Majestät.

Zur Erinnerung an die Eröffnung des Nord-Ostsee-Canals.

Besuch Kaiser Wilhelm's II. in Hamburg

1895.

Photographie von R. Dührkoop, Ferdinandstrasse 43.

Die Fürstentafel.

Senator Hachmann Dr.

49

Erbprinz Reuß j. L.	50	48	Präs. Frhr. von Heeremann
Bürgermeister Behn Dr.	51	47	von Kiderlen-Waechter
Erbprinz von Sachsen-Meiningen	52	46	Präsident Hinrichsen
Prinz Joachim Albrecht von Preußen	53	45	Excellenz von Boetticher Dr.
Erbgroßherzog von Oldenburg	54	44	Fürst Stolberg-Wernigerode
Fürst zu Schaumburg-Lippe	55	43	Fürst Hohenlohe-Schillingsfürst
Fürst von Waldeck	56	42	General Runyon, Excellenz
Prinz Albrecht von Preußen	57	41	von Szögyény-Marich, Excellenz
Herzog von Coburg-Gotha	58	40	Herbette, Excellenz
Großherzog von Mecklenburg-Schwerin	59	39	Sir E. Malet, Excellenz
Senator O'Swald	60	38	Senator Ad. Hertz
Großherzog von Sachsen-Weimar	61	37	Prinz Heinrich von Preußen
Großherzog von Baden	62	36	Herzog von Genua
König von Sachsen	63	35	Erzherzog Carl Stephan
Bürgermeister Lehmann Dr.	64	34	Bürgermeister Mönckeberg Dr.
Seine Majestät der Kaiser		33	Herzog von York
		32	Großfürst Alexis
Prinz-Regent von Bayern	1	31	Prinz Friedr. Leopold v. Preußen
König von Württemberg	2	30	Prinz Ludwig von Bayern
Großherzog von Hessen	3	29	Senator Burchard Dr.
Großherzog von Oldenburg	4	28	Ahmed Tewfik-Pascha, Excellenz
Senator Möring	5	27	Graf Lanza di Busca, Excellenz
Erbgroßherzog von Strelitz	6	26	Mendez de Vigo, Excellenz
Fürst von Hohenzollern	7	25	Senator Stahmer
Prinz-Regent von Lippe	8	24	Graf von Osten-Sacken, Excellenz
Prinz Fried. Heinr. von Preußen	9	23	Fürst Hohenlohe-Langenburg
Prinz Ernst von Altenburg	10	22	Prinz Aug. Leopold von Coburg
Herzog Fried. Ferd. von Schleswig-Holstein	11	21	Erbprinz Hohenlohe-Oehringen
Herzog Ernst Günther v. Schleswig-Holstein	12	20	Graf von Waldersee, Excellenz
Bürgermeister Gröning Dr.	13	19	Frhr. Marschall von Bieberstein, Excellenz
Herzog Friedr. Wilhelm von Mecklenburg	14	18	Dr. Krüger, Gesandter
Prinz Albert von Schleswig-Holstein	15	17	Präs. v. Buol-Berenberg

16

Senator Schemmann.

übertreffen einander an Prunk. Das Bürgertum feiert sich und den Monarchen. Aber auch Teile des „Volkes" sind dabei: In der Lange Reihe hängt ein Transparent, dessen Verfasser einen anderen Ton anschlagen, auch den der Begeisterung, das wohl, aber, wenn auch ahnungslos, das Schicksal von vielen der Ihren schon voraussagend:

„Sull unse Kaiser eenst mol ropen,
Sien Volk to Wehr för't Voderland,
Denn stoht wie as „een Mann" tohopen,
De Treuen von de Waterkant."

Wie das zum Friedensfest?

Als seine Majestät, leider ohne die erkrankte Kaiserin, um *„4 Uhr 15 Min. Nachmittags"* am Dammtorbahnhof eintrifft, bricht in der Innenstadt der Verkehr zusammen, Menschen, die ohnmächtig werden, können nicht umfallen, so dicht steht die Menge. Immer wieder brandet Jubel auf. Auch große Militärkulisse in Gala. Wilhelm erscheint *„in der Uniform der Gardes du Corps mit blinkendem Stahlhelm und silbernem fliegenden Adler, geschmückt mit einem breiten roth-weiß-rothen Ordensbande"*, wie die örtliche Presse zu berichten weiß; kein Zivil, wie es in Hamburg an sich angemessen gewesen wäre. Er schreitet *„elastisch"* und verbreitet große Herzlichkeit. Bäder in der Menge, Jubel über Jubel, das große Festmahl im Rathaus, bedeutende Reden:

Erster Bürgermeister Dr. Lehmann:

„Euere Kaiserliche und Königliche Majestäten, etc. etc. etc.

Kaiser und Reich haben eins der größten Bauwerke aller Jahrhunderte, den Nord-Ostsee-Kanal, geschaffen und Euere Kaiserliche Majestät haben auf Wunsch des Senats geruht, Hamburg zum Ausgangspunkt für die Feier der Eröffnung des neuen Seeweges zu bestimmen. …

…ist durch Ihren hohen Besuch der heutige Tag zu dem denkwürdigsten Festtage gestaltet, welchen in allen Zeiten unsere Stadt gesehen hat. Wir dürfen aber im Hinblick auf das vollendete großartige Werk noch einem besonderen Danke der Stadt Hamburg Ausdruck verleihen, weil durch den zu eröffnenden Nord-Ostsee-Kanal unsere Elbe, die Lebensader unserer Stadt, gleichsam eine zweite Mündung in ein zweites Meer erhalten hat, so daß künftig *die Wogen der Nordsee und die Wogen der Ostsee sich an unseren Gestaden kreuzen werden. Der Segen der neuen Verbindung beider Meere wird aber voraussichtlich nicht nur den deutschen Küsten zu Gute kommen; der neue Seeweg wird nicht minder den internationalen Verkehr, dies wichtige und friedlichste Kulturmittel, fördern und beleben. …*

Ein Admiral hat von dem alten Eiderkanal gesagt, es sei Alles schlecht an ihm, bis auf den Gedanken; von dem Nord-Ostsee-Kanal wird man sagen: Es ist Alles gut an ihm, nicht nur der Gedanke! …

Hier aber dürfen wir Sie bitten, sich zu vergegenwärtigen, daß es ein d e u t s c h e s Werk ist, des-

Links:
Fast en famille, mit weiteren Gästen.

Dr. Lehmann dankt für Hamburg: Eine zweite Mündung für die Elbe.

Alster-Insel in Hamburg
am Kaisertage, d. 19. Juni 1895. (Eröffnung d. Nord-Ostsee-Kanals)

Max Priester, Photogr. Anstalt, Hamburg.

Feenhaft.

> *sen Eröffnung wir entgegengehen, und Sie daher ersuchen, allseitig in den Ruf einzustimmen: Seine Majestät der Deutsche Kaiser, Ihre Majestät die Deutsche Kaiserin wie auch die erhabenen Verbündeten Seiner Majestät des Kaisers, Königs von Preußen, Sie leben hoch!"*

Unnachahmlich deutlich, geradezu behaglich hat der Bürgermeister es „auf den Punkt gebracht": Der Kanal ist zwar ein deutsches Werk, also ein Symbol des ganzen blühenden Reiches, ungeheuer wichtig! Den wirklichen Nutzen aber hat die Hansestadt: Die Elbe, ihre Lebensader, erhält eine zweite Mündung, in die Ostsee. Der internationale Verkehr, und damit der Hamburger Handel, werden nachhaltig belebt. Die örtliche Wirtschaft hat jeden Grund zu jubeln: Dank an die Majestät!

Der Souverän antwortet sehr herzlich:

> *„Mein verehrter Herr Bürgermeister!*
> *Tief ergriffen bin Ich von den soeben vernommenen Worten; tief ergriffen von allem, von dem Empfang, den Mir Hamburg soeben bereitet hat, wie Ich desgleichen selten wohl erlebt. Der Geist, der Mir entgegenschlug, war kein gemachter, kein gewöhnlicher. Gleich einer Windsbraut schallte Mir der Jubel der Stadt entgegen. Ich weiß wohl, daß Ich Mir nicht anmaßen darf, daß dieser Jubel Meiner Person gegolten; vielmehr erkenne Ich in demselben den Ausfluß des Puls-*

Das Kaiserzelt auf der Alster-Insel in Hamburg
am 19. Juni 1895.

Max Priester, Photogr. Anstalt, Hamburg.

schlags unseres gesamten deutschen Volks, das stolz darauf ist, das neu geeinte Deutsche Reich in seinen Fürsten und hohen Gästen vertreten zu sehen. Empfangen Sie dafür Meinen herzlichen Dank, und seien Sie der Dolmetsch Meines Dankes auch den Hamburgern gegenüber.

Solche Momente, wie wir sie heute erleben, rufen in uns die Erinnerung zurück, und vor allem die Erinnerung in dankbarer Form. Wir müssen in Dank und Wehmut gedenken des großen Kaisers, der dahingegangen, und seines herrlichen Sohnes, unter denen das Werk, auf das Sie soeben angespielt haben, erstanden ist. Uns allen ist noch gegenwärtig der Jubel bei dem letzten Besuche Meines hochseligen Herrn Großvaters.

Venezianische Pracht.

Wir vereinen zwei Meere; auf das Meer lenken sich unsere Gedanken, das Meer, das Sinnbild der Ewigkeit. Meere trennen nicht, Meere verbinden; die verbindenden Meere werden verbunden durch dieses neue Glied zum Segen und Frieden der Völker. Die gepanzerte Macht, die versammelt ist auf dem Kieler Hafen, soll zu gleicher Zeit ein Sinnbild des Friedens sein, des Zusammenwirkens aller europäischen Kulturvölker zur Hochhaltung und Aufrechterhaltung der europäischen Kulturmission.

Haben wir einen Blick geworfen auf das ewige Meer, so werfen wir einen Blick auf das Meer der Völker. Aller Völker Herzen richten sich hierher mit fragendem Blick. Sie erheischen und wün-

Jetzt nach Brunsbüttel.

NORD-OSTSEE-KANALFEIER in HAMBURG am 19. Juni 1895.

Avisos im Niederhafen.

Phot Aufnahme von Strumper & Co Hamburg 1895

schen den Frieden. Im Frieden nur kann Welthandel sich entwickeln, im Frieden nur kann er gedeihen, und Frieden werden und wollen wir aufrecht erhalten. Möge in diesem Frieden auch Hamburgs Handel blühen und gedeihen! Es soll ihm stets der Schutz des kaiserlichen Aars folgen, wohin er auch seine Bahnen über die Stadt ziehen möge.

Wir aber alle erheben unsere Gläser und trinken auf das Wohl unserer werten Hansestadt Hamburg: Sie lebe hoch! und nochmals hoch! und zum drittenmal hoch!"

Das Fest auf der eigens aufgeschütteten Alsterinsel unter dem Motto „Venezianische Nacht" als Hinweis darauf, dass dieser Herrscher für sein Reich dieselbe Position anstrebt wie einst das meerbeherrschende Venedig sie behauptete. Illumination und Feuerwerk, die Kaiserfeier im benachbarten Altona, beleuchtetes Elbufer bis Blankenese hinaus: Tag des Triumphs. Wilhelm ist in anhaltender Hochstimmung.

An Bord der *„Kaiseradler"* verlässt er um *„11 Uhr Abends"* mit Entourage Hamburg und begibt sich elbabwärts auf den Weg nach Brunsbüttel.

Ein Festtag

Preis 1 Mark.
Festschrift
zur Erinnerung an die
Grundsteinlegung
für die
Schleusen-Anlage
bei
Holtenau
zum Beginn der Arbeiten
am
NORD-OSTSEE-CANAL
mit Skizzen u. Ansichten
herausgegeben von
C. Beseke.
Kiel. 1887.
Buch- u. Steindruckerei v. L. Handorff, Kiel.

Ordnung

der

Feier der Grundsteinlegung

für die

Schleusen-Anlage bei Holtenau

zum

Beginn der Arbeiten für die Herstellung des Nord-Ostsee-Kanals

am 3. Juni 1887, Vormittags 10 Uhr.

I.

Um $9^1/_2$ Uhr versammeln sich die zur Feier geladenen Personen auf dem Festplatz.

Der Reichskanzler, die Mitglieder des Bundesraths, der Präsident und die Vice-Präsidenten des Reichstags, die Chefs und die höheren Beamten der Reichsämter treten neben den Grundstein, rechts von dem Kaiserlichen Pavillon aus.

Die Mitglieder des preußischen Staatsministeriums, die Präsidenten und Vice-Präsidenten beider Häuser des preußischen Landtags und die Chefs der Behörden der Provinz Schleswig-Holstein treten neben den Grundstein, links vom Pavillon aus.

Die Mitglieder des Reichstags, des preußischen Landtags und des Landtags der Provinz Schleswig-Holstein treten auf den Podest gegenüber dem Pavillon.

Die der Kaiserlichen Kanal-Kommission unterstellten höheren Beamten stellen sich vor dem Podest auf; vor denselben zwischen Podest und Kanzel, die Geistlichen.

Die Offizier-Corps von Kiel und Friedrichsort schließen das Viereck, indem dieselben, und zwar die Offiziere der Marine rechts vom Pavillon, die Offiziere der Armee links von demselben, sich zwischen Pavillon und Podest aufstellen.

2.

Der Reichskanzler mit den Mitgliedern der Kaiserlichen Kanal-Kommission empfängt Seine Majestät den Kaiser an der Landungsstelle und geleitet denselben zum Pavillon.

Bei dem Herannahen Seiner Majestät bläst die Musik Fanfare.

Sobald Allerhöchstdieselben in den Pavillon eingetreten sind, erbittet der Reichskanzler die Erlaubniß zum Beginn der Feier.

3.

Nachdem Seine Majestät den Befehl hierzu ertheilt haben, trägt der auf der Musiktribüne aufgestellte Chor einen Gesang vor.

Der Reichskanzler bittet Seine Majestät um die Erlaubniß, die zur Versenkung in den Grundstein bestimmte Urkunde zu verlesen.

Er verliest dieselbe.

Außer der Urkunde werden in den Grundstein gelegt:

1) das Reichsgesetz, betreffend die Herstellung des Nord-Ostsee-Kanals vom 16. März 1886,
2) das preußische Gesetz, betreffend die Gewährung eines besonderen Beitrags von 50 000 000 M. im Voraus zu den Kosten der Herstellung des Nord-Ostsee-Kanals vom 16. Juli 1886,
3) eine Karte der Linie des Nord-Ostsee-Kanals,
4) die Baugeschichte des Nord-Ostsee-Kanals,
5) ein vollständiger Satz der Reichsmünzen.

Sobald die Einlegung beginnt, fällt die Musik ein.

4.

Seine Majestät begeben Allerhöchstsich nach der Stelle des Grundsteins. Der Königlich bayerische stimmführende Bevollmächtigte zum Bundesrath überreicht Seiner Majestät unter einer Ansprache die Kelle.

Seine Majestät werfen von dem bereit gehaltenen Mörtel auf den Stein.

Die Meister des Maurer- und Steinmetzgewerkes setzen das Verschlußstück auf.

Der Präsident des Reichstags überreicht unter einer Ansprache Seiner Majestät den Hammer.

Seine Majestät vollziehen die drei Hammerschläge,

danach

die anwesenden Mitglieder der Kaiserlichen und Königlichen Familie,
der Reichskanzler,
die stimmführenden Bevollmächtigten zum Bundesrath,
der Präsident und die Vice-Präsidenten des Reichstags,
die Mitglieder des Königlich preußischen Staatsministeriums,
der Präsident und die Vice-Präsidenten des preußischen Herrenhauses,

der Präsident und die Vice-Präsidenten des preußischen Abgeordnetenhauses,
die Chefs der Reichsämter,
der kommandirende General des IX. Armee-Corps,
der Ober-Präsident der Provinz Schleswig-Holstein,
die Chefs der Marinestationen der Nord- und Ostsee,
der Landtags-Marschall und der Vice-Landtags-Marschall der Provinz Schleswig-Holstein,
die Mitglieder der Kaiserlichen Kanal-Kommission.

5.

Weihespruch des Ober-Hof- und Dompredigers D. Kögel.
Gesang des Chors.

6.

Der Reichskanzler bringt das Hoch auf Seine Majestät den Kaiser aus. Die Musik stimmt „Heil Dir im Siegerkranz" an, welches von der ganzen Versammlung gesungen wird.

Buchdruckerei des „Kieler Tageblatt", Carl Böckel, Kiel.

Rückblick.

3. Juni 1887.

Grundsteinlegung. Durchaus Staatsakt. Durchaus großes Ereignis. Dennoch Welten zwischen diesem Tag und den Tagen des Enkels bei der Weihe des Werkes im Juni 1895. Es geht unaufwendiger zu; noch dominiert nicht das Pompöse, das Laute, die Demonstration.

Seit März 1887 arbeitet die Kanal-Commission gemeinsam mit Oberpräsident und Provinzialverwaltung am Programm der Feier, die den Beginn der Arbeit am Kanal symbolisch bezeichnen soll. Der 3. Juni wird ausgewählt des erhofften schönen Wetters wegen; aber auch, weil ein – möglicher – früherer Termin im Herbst 1886, nach Gründung der Baubehörde, zahlreiche Beschäftigung suchende Männer angezogen hätte, ohne dass diese auch tatsächlich die Arbeit hätten aufnehmen können, weil die erst bei sicherer, milder Witterung beginnen sollte.

Man glaubt nicht, dass der greise Kaiser – er steht immerhin in seinem 91. Jahr – zur Grundsteinlegung kommen werde und bereitet deshalb einen Programmentwurf für seinen Sohn und Thronfolger Friedrich vor. Als der alte Herr diesen von Bismarck vorgelegt bekommt, äußert

König Wilhelm I. in Schleswig, 1864: Noch ist das Land nicht preußisch.

er: *„Das ist ja sehr schön, aber warum soll ich nicht dabei sein?“* Nichtdabeisein, welche Zurücknahme und Bescheidenheit, sehr typisch für *d i e s e n* Wilhelm und seine Auffassung vom Amt. Nicht etwa: „Der Staat bin ich“, sondern allenfalls sein „Erster Diener“, beste preußische Tradition.

Man habe es nicht zu hoffen gewagt. Darauf die Majestät:

> *„Warum nicht? Erstens bin Ich derjenige, der den Kanal wieder ausgegraben hat, zweitens bin Ich lange nicht in der Provinz gewesen, die ich sehr gern wieder einmal besuchen möchte, und drittens macht sich das jetzt noch sehr gut, weil mein Enkel Heinrich noch unverheirathet ist. Denn, wenn der erst einmal geheirathet hat, weiss ich nicht, ob Ich noch im Kieler Schlosse unterkommen kann.“*

Bei aller Bescheidenheit: Seines Wertes bei der Realisierung der Kanalidee, über den noch berichtet wird, ist er sich dennoch wohl bewusst. Aber das stellt er nur schlicht und berechtigt fest und relativiert dieses erste Wort schnell mit der weiteren Begründung, er sei lange nicht in der Provinz gewesen und möchte sie gern wieder einmal besuchen. In der Tat liegt sein erster, symbolisch überaus bedeutender Aufenthalt über zwanzig Jahre zurück. Dieser hatte der Visitation der in Schleswig siegenden Truppe gegolten, als die Herzogtümer noch zum dänischen Gesamtstaat gehörten. Seine Bemerkung, dass er zudem jetzt ja noch im Schloss bei dem unverheirateten Heinrich unterkommen könne, verrät eine humorvolle Distanz zum Geschehen.

Und so kommt es, dass er am 2. Juni mit dem Zug in Kiel eintrifft, in Begleitung seines Enkels

Heitere Kulisse zum Fest.

Nächste Doppelseite: Die Provinz in frohgemuter Erwartung ihres Herrn.

Wilhelm, aber ohne dessen Vater Friedrich, dem im nächsten Jahr für kurze Zeit regierenden Kaiser Friedrich III., dessen Erkrankung inzwischen eine Teilnahme nicht mehr zuläßt.

Auch der Reichskanzler ist nicht erschienen, da Krankheit ihn hindert. Das allgemeine Bedauern ist groß. Zumal wird er auch deshalb vermisst, weil er – wie eine zeitgenössische Quelle es formuliert –, *„dem Willen seines Kaiserlichen Herrn mit Entschlossenheit und Tathkraft die Ausführung gesichert hätte"*. Wohl wahr!

Strahlender Himmel, weiße Schaumkronen auf der tiefblauen Förde, der Nordost sorgt dafür, dass sich die Flaggen kräftig entfalten. Hochstimmung. Kiel ist herausgeputzt wie eine festliche Braut. Tausende geladene Gäste, Bürgerinnen und Bürger, die aus der ganzen Provinz herbeigeströmt sind, erwarten die Ankunft des Kaisers auf dem Holtenauer Festplatz. Die beiden Flügel der dort errichteten Gästetribüne rahmen ein wunderbares Festschiff ein.

Zeitgenössische Quellen beschreiben die Szenerie:

„An der Mündung des alten Eider-Kanals, auf dem Holzplatze der Firma Grimm, war eine von den Gebrüdern Stenner & Stroh im Auftrage der Kaiserlichen Kanal-Commission errichtete Tribüne aufgeschlagen. Dieselbe, als imposanter Flügelbau vor dem alten Zollspeicher mit der Front nach der Kanalmündung im Norden des Festplatzes sich erhebend, ist in der Mitte durch einen, zum Theil mit Eisenkonstruktion versehenen Schiffsrumpf getheilt, welcher den vollgetakelten Vordermast eines Kriegsschiffes, mit Stangen, Raaen, Segeln und Wanten etc. trägt, dessen Raaen bei der Feier von Matrosen in Paradeuniform bemannt werden.

Vorn auf dem Bug des Schiffsrumpfs erhebt sich in Gyps die Kolossalfigur der Germania. Vor dem Steven des Schiffsrumpfs ist der Pavillon für den Kaiser erbaut, der von energisch modellierten Delphinen flankiert wurde. …

Zwei mächtige bronzierte Kandelaber lenkten das Auge auf die Mitte hin. Vor dem kaiserlichen Thronsessel hin öffnete sich eine breite bequeme Rampe gegen den Grundstein hin, der unmittelbar vor derselben aufgestellt war.

Das Schiff, ungefähr auf ein Fünftel seiner ganzen Länge hergestellt, mit der Wasserlinie etwas über dem Fußboden der Vortribüne emporreichend, war ganz in eisernen Spanten und Decken erbaut, die mit schmalen Holzdielen bekleidet und entsprechend angestrichen wurden. Der Mast hatte eine Höhe von 33 m über dem Erdboden und führte ein volles Tau- und Segelwerk. Die Ausführung des Schiffes war den Schiffswerftbesitzern Gebrüdern Howaldt in Kiel-Dietrichsdorf übertragen, welche mit ihrer Leistung überall die vollste Anerkennung fanden."

Um 10 Uhr 15 kommt die Staatskarosse in Sicht. Die Musik bläst Fanfare. Der Jubel des festlich gewandeten Militärs und des zivilen Publikums hebt an. Die Feier beginnt. Der Chor trägt Händels *„Der Fürst wird sich freuen Deiner Macht"* aus dem 21. Psalm vor. In Vertretung des Reichskanzlers liest Staatssekretär von Boetticher den Text der Urkunde, die im Grundstein versenkt wird:

„Wir Wilhelm, von Gottes Gnaden Deutscher Kaiser, König von Preußen u. s. w. thun kund und verfügen hiermit zu wissen:

Die Herstellung einer unmittelbaren Verbindung der beiden deutschen Meere durch eine für den Verkehr der Kriegs- und Handelsflotte ausreichende Wasserstraße ist seit langer Zeit das Ziel patriotischer Wünsche gewesen. Solange das Vaterland der Einigung entbehrte, lag dieses Ziel in unerreichbarer Ferne. Nachdem aber durch Gottes Fügung das Deutsche Reich neu entstanden war, konnte der Plan zur Herstellung jener Verbindung in der uns seitdem beschieden gewesenen Zeit friedlicher Entwickelung festere Gestalt gewinnen.

*Links:
Das Werk kann begonnen werden: Wilhelm I. legt den Grundstein.*

Durch das Reichsgesetz vom 16. März 1886 ist die Verbindung beider Meere nunmehr sichergestellt worden.
Ein Bauwerk von gewaltiger Ausdehnung soll damit unternommen, ein bleibendes Denkmal deutscher Einigkeit und Kraft geschaffen und in den Dienst nicht nur der vaterländischen Schiffahrt und der Wehrhaftigkeit, sondern auch des Weltverkehrs gestellt werden. Keine menschliche Voraussicht vermag die zukünftige Bedeutung dieses Baues in vollem Umfange zu ermessen; die Wirkungen ragen über das lebende Geschlecht und über das zur Rüste gehende Jahrhundert hinaus.
Im Hinblick auf diese Bedeutung des vaterländischen Unternehmens haben Wir beschlossen, daß im Namen der Fürsten und freien Städte des Reichs, in Gemeinschaft mit den Vertretern des Reichstages und des preußischen Landtages, der Grundstein zum Bau des Nord-Ostsee-Kanals und zwar an der Stelle gelegt werde, an welcher sich in Zukunft die Eingangsschleuse bei Holtenau erheben wird.
Möge der Bau dem deutschen Vaterlande, möge er den Elbherzogthümern zu Heil und Segen gereichen! Möge durch ihn das Gedeihen der deutschen Schiffahrt und des deutschen Handels, die friedliche Entfaltung des Weltverkehrs, die Stärkung der vaterländischen Seemacht und der Schutz unserer Küsten kräftig gefördert werden! Das walte Gott in Gnaden!
Gegenwärtige Urkunde haben Wir in zwei Ausfertigungen mit Unserer Allerhöchsteigenhändigen Namensunterschrift vollzogen und mit Unserm größeren Kaiserlichen Insiegel versehen lassen.
Wir befehlen, die eine Ausfertigung mit den dazu bestimmten Schriften und Münzen in den Grundstein der Schleuse bei Holtenau niederzulegen, die andere in Unserm Archiv aufzubewahren.
Gegeben Holtenau, den 3. Juni 1887."

Dann wird die Urkunde zu einer Musik aus Mozarts *„Zauberflöte"* in den Grundstein gegeben. Mit der Assistenz des bayerischen Bevollmächtigten beim Bundesrat und des Präsidenten des Reichstages vollzieht der Kaiser sodann die Zeremonie. Die beiden Herren betonen, dass die Majestät ein Werk begründe, das dem deutschen Handel eine neue Straße eröffnen und die Macht des Reiches stärken werde. Der Segen Gottes wird herabgefleht zum Heile Deutschlands und zum Ruhme seines Kaisers. Dann vollzieht Wilhelm die Grundsteinlegung durch drei Hammerschläge auf den Stein mit den Worten:

„Zu Ehren des geeinten Deutschlands!
Zu seinem fortschreitenden Wohle!
Zum Zeichen seiner Macht und Stärke!"

Und fügt, ganz ein Herr der alten Schule, hinzu:

„Im Namen Ihrer Majestät der Kaiserin und Königin!"

Es folgen die Hammerschläge des kaiserlichen und königlichen Familienmitglieder und vieler Würdenträger. Sodann betritt Ober-Hof- und Domprediger D. Kögel im seidenen Talar die Predigtkanzel und trägt den Weihespruch vor:

„Das walte Gott, Vater, Sohn und heiliger Geist! Vom Fels zum Meer, so dankt von Gottes lieber Sonne mild begrüßt, unser neunzigjähriger Kaiser für den Wunderweg, der von der Burg im Süden hierher zum Nordgestade führt. ‚Auf ewig ungeteilt!' Der Nordprovinzen Spruch soll heute Losung und Gelübde des ganzen Vaterlandes sein. Nicht trennen, was zusammengehört, will der Kanal, nein, einen, was getrennt ist, in freier, ungehemmter Bahn, ein Werk deutscher Kraft, ein Spiegel deutscher Einheit. ‚An Gottes Segen ist alles gelegen' – diese Weisheit der Väter soll der Söhne Erbteil bleiben. Der Kirche und der Schule stille Arbeit im Bilden und im Bauen; der redliche Fleiß am Steuer, Hammer, Pflug; die Waffen unseres Heeres und die Flagge unserer Flotte, deren Anker im deutschen Herzen Grund gefunden hat – all das sei heut in feierlicher Stun-

Abschied auf der Förde, leider für immer.

de aufs neue in die Obhut der göttlichen Barmherzigkeit gestellt. ‚Das Meer brause und was darinnen ist vor dem Herrn' – so ruft der Psalter einer. Wenn die Wogen der Ostsee und der Nordsee ineinander rauschen werden, dann soll auf ihr Frohlocken unsere Antwort sein: ‚Nicht uns, nicht uns, o Herr, sondern deinem Namen gieb die Ehre! Vater unseres Herrn Jesu Christi, segne uns und behüte Kaiser und Reich.' … Amen."

Danach fällt der Chor mit dem „*Halleluja*" aus Händels „*Messias*" ein. Nach dem „*Hoch auf den Kaiser!*" schließt sich das von den Tausenden gesungene „*Heil Dir im Siegerkranz*" an.

Um 10 Uhr 45 verlässt der Kaiser den Festplatz und fährt an Bord des Avisos „*Pomerania*" nach Kiel zurück, vorbei an den siebzehn salutfähigen Kriegsschiffen, die im Hafen Aufstellung genommen haben. „*Hurrah!*" und leichte Kanonade. Als einzige fremde Nation ist Schweden mit dem Kanonenboot „*Edda*" vertreten.

Im Hotel „*Bellevue*" gibt die Provinz ein Festessen, zu dem Musik aus dem „*Tannhäuser*" von Richard Wagner, aus „*Dichter und Bauer*" von Franz von Suppé, aus dem Ballett „*Sylvia*" von Léo Delibes und der Walzer „*Rosen aus dem Süden*" von Johann Strauss Sohn erklingt.

Um 4 Uhr 30 verlässt der Kaiserliche Sonderzug den Kieler Hauptbahnhof in Richtung Berlin. Während der Feier barhäuptig dem frischen Wind ausgesetzt, erleidet der greise Herrscher eine schwere Erkältung, die ihm stark zusetzt. Hierauf spielt er in seiner Dankadresse an

Schleswig-Holstein lädt zum Mahle: Hotel „Bellevue".

Staatssekretär von Boetticher an, wenn er schreibt:

„Gleichzeitg wiederhole ich hiermit nochmals Ihnen meinen Dank für die so überaus würdige und imposante Anordnung der Grundsteinlegungsfeier bei Kiel am 3. Juni, die in allen ihren Theilen so richtig erdacht und würdig verlief. Ich trage gern die darauf für mich eingetretenen Leiden, da ich um **nichts** *die Freude aufgebe, dieser nationalen Feier habe beiwohnen zu dürfen.*
19.6.87. (gez.) Wilhelm"

Er wird die Provinz nicht wiedersehen. Im folgenden Jahr verstirbt er, auf dem Thron gefolgt von seinem Sohn Friedrich III., der nur neunundneunzig Tage regiert.

Von Christian III. zu Johann H. G. Justi

Norwegen
Skager R
Mandal
ISLAND
50 Geogr. Meilen.
FÄRÖER
NORD-SEE
Agger
Durchbruch 1825
Lemvig
I. Holmsland
Fanöe
Romöe
Sylt
Föhr
Amrum
Pellworm
Helgoland (Engl.)
Elbe
Neuwerk
Cuxhaven
Jever
Ost Friesl.
Emden
Oldenb.

Ein Blick auf die Karte, und der Gedanke an einen Kanal drängt sich auf. Das konnte Machthaber, Feldherren, Regionalfürsten und Kaufherren nicht ruhen lassen. Nicht über Jahrhunderte.

Viele haben den Traum von einem Nord-Ostsee-Kanal geträumt. Fast alle sind sie gescheitert.

Oliver Cromwell, Albrecht von Wallenstein und Napoleon I. wollen den Durchstich von der Ostsee in Westsee oder Elbe; vor der Umsetzung der Idee in die Tat sind ihre Sterne erloschen.

Cromwell verhandelt mit Schweden über einen Kanal in die Ostsee, um dem englischen Handel eine sichere Route dorthin zu eröffnen. „Kopfstation" sollte Wismar sein, das er von König Carl X. Gustav erwerben will. Auf dem Weg über den Schweriner See und die Elde sollte die Elbe erreicht werden. Nach dem Tode des Lord-Protectors 1658 wird der Plan nicht weiter verfolgt.

Wallenstein wird 1628 zum *„General der gantzen Kaiserlichen Schiffsarmada zu Meer wie auch des Oceanischen und Baltischen Meeres General"* ernannt mit dem Befehl, gegen Dänemark und Schweden eine Kriegsflotte aufzubauen. Zu diesem Flottengründungsplan gehörte auch ein Kanaldurchstich durch die Halbinsel, um seinen Einheiten die Manövriermöglichkeit zwischen Ost- und Nordsee zu eröffnen. Nach seiner Entmachtung 1630 werden die Überlegungen aufgegeben.

Napoleon gibt seinen Ingenieur-Offizieren den Auftrag zur Planung eines Kanals, der ganz im Machtbereich des Empire Français liegen soll. Die schlagen kein neues Kanalbett vor, sondern eine grundlegende Überplanung und Verbesserung des Stecknitz-Kanals. Die Pläne sind fertig, als Napoleons Reich im Donner der Kanonen von Waterloo untergeht.

Doch nicht nur fremde Gewaltherrscher wollten einen Kanal für die Durchsetzung ihrer egomanischen Ziele, auch im Lande selbst werden Plä-

Links:
Der Engländer:
Britannia to rule the waves.

Rechts:
Der Generalissimus:
Herr auch des Meeres sollte er sein.

ne geschmiedet, eine Verbindung herzustellen, die den gefährlichen Seeweg um Skagen vermeiden oder aber wenigstens Unabhängigkeit schaffen würde von fremder Mächte politischer Gunst oder Ungunst.

Den Anfang bildet während der Regierungszeit Christians III. von Dänemark in der ersten Hälfte des 16. Jahrhunderts das Projekt des Durchstichs von Ribe nach Kolding oder Hadersleben. Die Umstände seines Scheiterns sind nicht bekannt.

Es folgt Adolf, überaus ehrgeiziger Herzog von Schleswig-Holstein-Gottorf, 1559 einer der Sieger über die Dithmarscher, der am 10. August 1571 mit seinem Plan an Kaiser Maximilian II. herantritt als an seinen Lehnsherrn für das Herzogtum Holstein und für einen Kanal durch dieses Herzogtum wirbt. Alles, was in den nächsten Jahrhunderten für einen Nord-Ostsee-Kanal vorgetragen wird, ist in diesem bemerkenswert weitsichtigen frühen Dokument der Kanalgeschichte enthalten:

„Allerdurchleuchthigster Grosmechtigster Keyser vnd Herr. Ew. Kayserl. Mayst. Seint Wir mitt Allervnderthanigsten gehorsambsten Dienste jeder Zeith mit Vleiß beuore Allergnadigster Herr, E. Röm. Kay. Majestätt fuge Ich hiemit In vnderthenigkeit zu wissen, das Inn dem Fürstenthumb Holstein, welchs E. K. M. vnd dem hayligen Reich vnterworffen vnd angehörig, die gelegenheit sich erhebe, das durch meines freundtlichen lieben Brudern Hertzog Johansen zu Schleswig-Holstein p des Eldern vnd meine Empter vnd gutter eine Schiffarth auss der Ost Sehe In die West Sehe angerichtet werden kann, zu grossem nutz vnd vortheill des gantzen hayligen Reichs Insonderlichen aber der Nieder Burgischen Lande vnd andern der Ost und West Sehe anreienden Landen vnd Steten. Da es sonst an deme ist das alle wahren die von Osten nach

*Links:
L'Empereur: Er wollte immer alles, auch einen Kanal im Norden.*

*Rechts:
König Christian III. von Dänemark.*

Westen vnd von Westen nach Osten geschiffet werden, es sei auss Reussland Liflandt Polen, Preußen Pomern Meckelenburgk p bis anhero durch den Sundt oder Beldt geschiffet werden müssen, da deren Stedten an der Ost Sehe liegen vnd hinviderumb von der Westsee auss Hispanien, Frankreich, Englandt, Irlandt, Schotland, Isslandt, Niederburgundien, Frießlaandt vber dem Lande an der Weser vnd Elbe, Welche Schiffarth vmb den Schagerhorn vnter Norwegen gehet vnd nicht allein ein gantz weitter vmbweg ist, darzu man auch der krumb vnd vmbfarth halber mancherlei windt haben, vnd derenthalben oft eine lange gerauhme Zeitt mit grosser versaumbniss vnd vnkosten stille liegenvnd auff den windt warten muss, welches den auch von wegen der Profiandt so aufgezehret wirdt, auch der Besoldung des Schiffsvolkes auf einen merklichen vnkosten ausslauft, Sonder auch grosse gefahr der Sände, Klippen vnd anderer vngelegenheit halber auf sich traget. Nun ist aber das Fürstenthumb Holstein zwischen der Ost vnd West Sehe gelegen also das es an der einen seiten Jegen der Sonnen Aufgang die Ost Sehe lieget. Vnd wirdt bey meiner Stadt Kiell an der Ost Sehe belegen die gelegenheit erspuret vnd befunden das man einen graben vngefehrlich zwey tausent Rutten lang eine Schiffarth durch etzliche Sehe vnd Awen bis In den Wasserfluß der Eider genandt, kann gemachet werden, Welcher Wasserkluß an Im selbst Schiffreich ist vnd in die West Sehe seinen Fall hat. Das also nach gemachtem solchem graben vnd etzlicher vorgefertigten Schleusen die Kaufmannswahren vnd gutter ohne alle gefahr vnd Abenthewer Wetters vnd Windes halber auf lengste in dreyen tagen auss der Ost Sehe In die West Sehe vnd Ingleichen auss der West Sehe In die Ost Sehe sicher vnd mit gutter gelegenheit durchgefuret werden können, da man sonst bis anhero zu der Schiffunge

Ehrgeiziger Lehnsmann und sein Lehnsherr: Adolf der Gottorfer und Kaiser Maximilian II.

durch den Beldt oder den Sundt etzliche wochen haben, treffentliche vnkosten thuen vnd vilfaltige gefahr ausstehen müssen. Wann nuhn solche Schiffarth zu beforderunge vnd vermehrunge der Commercien vnd kaufmannsgewerb auss frembden Nationen zu wirklichen nutz vnd fromens des hayligen Reichs gereichen vnd gedeyen wirdt, Solche Schiffarth auch allen der Ost vnd West Sehe angelegenen Ländern vmd Stedten gantz gefellig vnd ahnmutig So bin ich fürhabens neben hochgedachten meinem Bruder freundtlich vnd dasselbige Imnahmen des almechtigen verfertigen zu lassen.

Damitt es nuhn soviell desto ansehentlicher vnd vorhoffentlicher angefangen vnd erhalten werden muge, Gelanget an E. K. M. meine vnderthenigste Bith E. K. M., weill solcher auch zum hayl. R. Reich gehörig, wollen auss Kayserl. Macht vnd gewalt solche Schiffarth allergnedigst bestettigen vnd die fahrende Kaufleuthe Schiffleuthe vnd deren gutter Inhren Kayserl. Schutz, Beschirmung vnd Fürsprech auffnehmen, vnd darauf hochgedachtem meinem Bruder vnd mir einen offenen Schein mittheilen vnd zukommen lassen. Solches wird zu merklicher befurderunge des gemeinen nutzes gereichen. Vnd E. K. M. bin ich zu Allervnderthanigster gehorsamer Dienste Jederzeit gantz willig vnd bereit.

Datum Gottorf, den 10. August anno 1571.

E. Kayserl. Maj.

Allerdurchlaüchtigster gehorsamster Fürst Adolff."

Besonders bemerkenswert ist auch, dass Adolfs Plan den Verlauf des Schleswig-Holsteinischen Kanals von 1784 vorwegnimmt, indem er ihn von Kiel nach der Eider hin verlaufen und dann mit ihr in die Nordsee münden lässt. Hätte er es erleben können, eine Genugtuung wäre es ihm gewesen.

Der Kaiser ist zunächst angetan und fordert die pommerschen Herzöge und die Hansestadt Lübeck sowie den Statthalter der Spanischen Niederlande, den Herzog von Alba, zur Stellungnahme auf: Hier besonders versteht man etwas von Kanälen. Alba reagiert grundsätzlich positiv, macht aber als erfahrener Staatsmann darauf aufmerksam, dass das Projekt besonders die Interessen Dänemarks nicht negativ beeinflussen solle. Das dürfte der entscheidende Hinweis für das letztendliche Scheitern des Planes gewesen sein. Schriftliches liegt nicht vor.

Da ist zum einen die offensichtlich – eigennützig – treuherzige Versicherung Adolfs, der Kanal werde durch das Herzogtum Holstein gelegt; der vorgesehene Verlauf indessen weist nach, dass durchaus Bereiche Schleswigs durch das Projekt berührt, sogar in Anspruch genommen werden würden. Zum anderen hätte der Kanal bei entsprechend niedrigen Passagegebühren empfindlich die wirtschaftlichen Verhältnisse des Königreichs Dänemark berührt: Die Einnahmen aus Sund- und Beltzöllen, die einen hohen Anteil im Staatshaushalt ausmachten, hätten drastisch zurückgehen können, nicht hinnehmbar für die Krone in Kopenhagen.

Ein florierendes Kanalunternehmen hätte die machtpolitische Position des Gottorfer Herzogs entscheidend verbessert. Angesichts der überaus komplizierten Verhältnisse in den Herzogtümern und gegenüber dem Königreich Dänemark kann der Kaiser in Wien hieran keinerlei Interesse haben. Albas Hinweis dürfte großes Nachdenken in Gang gesetzt haben. Abschlägig beschieden wird der Plan nie; die Sache versandet und ruht seither in den Akten der Kanzleien – Geschichte.

Nicht aber die Idee vom Kanal.

Die wird in der ersten Hälfte des 17. Jahrhunderts von einem von Adolfs Nachfolgern, Friedrich III., aufgenommen; seine Vision umfasst nicht nur die Vorstellung, mit dem Kanal den Handel zwischen den Ostseeanrainern und dem Westen zu beleben, sein Blick richtet sich viel weiter: Er will die Güter des Ostens, aus Persien und Indien, zu den Ostseehäfen leiten und sie via Kanal nach Westeuropa lenken. Von diesem wirtschaftlichen Großraumdenken zeugen bis zu ihrem Untergang in den Bombennächten des Zweiten Weltkrieges die am Kieler Markt errichteten Gebäude, die „Persianischen Häuser“. Zu ihrem Bau hatte man das Holz der am Hafen in Erwartung des persischen Handels entstandenen Packhäuser verwendet, nachdem die große Illusion sich in Luft aufgelöst hatte. Ihr Name erinnerte noch lange daran.

König Christian IV. plant etwa zeitgleich nach einem Vorschlag des Holländers Cornelius Claesen Piethals einen Wasserweg von Apenrade nach Ballum nördlich von Tondern, der durch das Römer und Lister Tief die offene See erreichen soll. Nach Intensivierung des Handels mit Ostasien, den man plant, sollte er den Ostindienfahrern vor dem Weg um Skagen Schutz und Sicherheit bieten.

Erst ein Jahrhundert später tritt wieder jemand mit einer Kanalidee hervor: Der Ökonom Johann Heinrich Gottlob Justi schlägt 1761 in seiner Denkschrift *„Über den großen Nutzen eines Canals durch das Herzogthum Schleswig, um die Nord- und Ostsee miteinander zu vereinigen“* vor, entweder von Hoyer über Tondern nach der Flensburger Förde zu gehen oder von Husum über Schleswig nach der Eckernförder Bucht.

Hier bricht die Geschichte der wichtigsten, aber noch erfolglosen Kanalideen und -planungen erst einmal ab.

Links:
Friedrich III.: Noch ein ehrgeiziger Gottorfer, mit weitem Blick nach Osten.

Rechts:
König Christian IV. von Dänemark

Der Schleswig-Holsteinische (Eider-)Kanal

Nach 1773 bringt der neu etablierte dänische Gesamtstaat, der nach den „Flickenteppichverhältnissen" der letzten Jahrhunderte nunmehr vollständig über die Herzogtümer Schleswig und Holstein herrscht, die Kraft auf, sich erneut dem Kanalprojekt zuzuwenden.

Die Neutralitätspolitik Dänemarks in der zweiten Hälfte des 18. Jahrhunderts unter den bedeutenden Ministern Johann Hartwig Ernst und seinem Neffen Andreas Peter von Bernstorff hatte dem Staat die innere Ruhe gegeben, die für die Durchführung großer wirtschaftlicher Vorhaben wie der Förderung der Manufakturen, von Handwerk und Handelsgewerbe zur Beförderung der Wohlfahrt des Landes Voraussetzung war. In das Schema dieser merkantilistischen Wirtschaftspolitik, die damals in Europa das volkswirtschaftliche Leben prägt, passt auch die Schaffung eines leistungsfähigen Kanals von der Ostsee in die Nordsee, um die binnenländische Wirtschaft zu stärken.

Linls:
Johann H. E. (oben) und Andreas Peter (unten): Große Beweger.

Rechts:
Plant nicht nur Architektur, auch einen Kanal: Ernst Georg Sonnin.

Der Kanal soll – ein Novum – auch für seegehende Schiffe geeignet sein, was von großer Wichtigkeit für die Beziehungen des dänischen „Mutterlandes" zu seinen westindischen Kolonien und den ostasiatischen Handel sein würde. Besonders in diesem Aspekt wirken die Planungen Christians IV. und Justis nach, deren Kern gleichfalls die Geeignetheit der Wasserstraße für das Hochseeschiff gewesen war.

So plant es auch der Architekt Ernst Georg Sonnin, der vom russischen Statthalter in Holstein-Gottorf vor der Gründung des Gesamtstaates den Auftrag zu Überlegungen für einen Kanal zur Verbindung der beiden Meere erhalten hatte. Die Zeit, nicht nur in Dänemark, sondern in ganz Europa, ist sozusagen im Kanalfieber. Vor der Erfindung der Eisenbahn ist der Transport der Waren auf Flüssen und Kanälen der wirtschaftlich optimale. Und so ist es keineswegs erstaunlich, dass nach der Konsolidierung des Gesamtstaates die Kanaldiskussion ganz schnell wieder einsetzt.

Ein erster Vorschlag wird im Frühjahr 1774 im Kabinett vorgelegt. Er kommt vom Statthalter in den Herzogtümern, Landgraf Carl von Hessen-Kassel, und dem leitenden Ingenieuroffizier Wilhelm Theodor Wegener sowie seinen beiden Mitarbeitern Friedrich Hermann Peymann und August Hinrich Detmers. Er sieht Ein- und Ausgangspunkte des Kanals in Husum, von dort soll es über Friedrichstadt und Hollingstedt nach Schleswig gehen, oder aber über Fleckeby nach der Eckernförder Bucht.

Die Planungen sind hochumstritten: Der Nutzen für den Handel sei nicht erwiesen, man habe im Kanalbau keine hinreichende Erfahrungen, die finanziellen Belastungen könne der Staat nicht tragen, die Einnahmen aus den Sundzöllen würden stark rückläufig sein; technische Bedenken werden erhoben. Die Diskussion zieht sich einige Wochen hin; im Ergebnis wird Wegeners Plan verworfen, stattdessen soll eine Linie von Kiel nach Glückstadt verfolgt werden.

Links: Erste Planung: Landgraf Carl von Hessen.

Rechts: Sehr angetan: König Christian VII. von Dänemark.

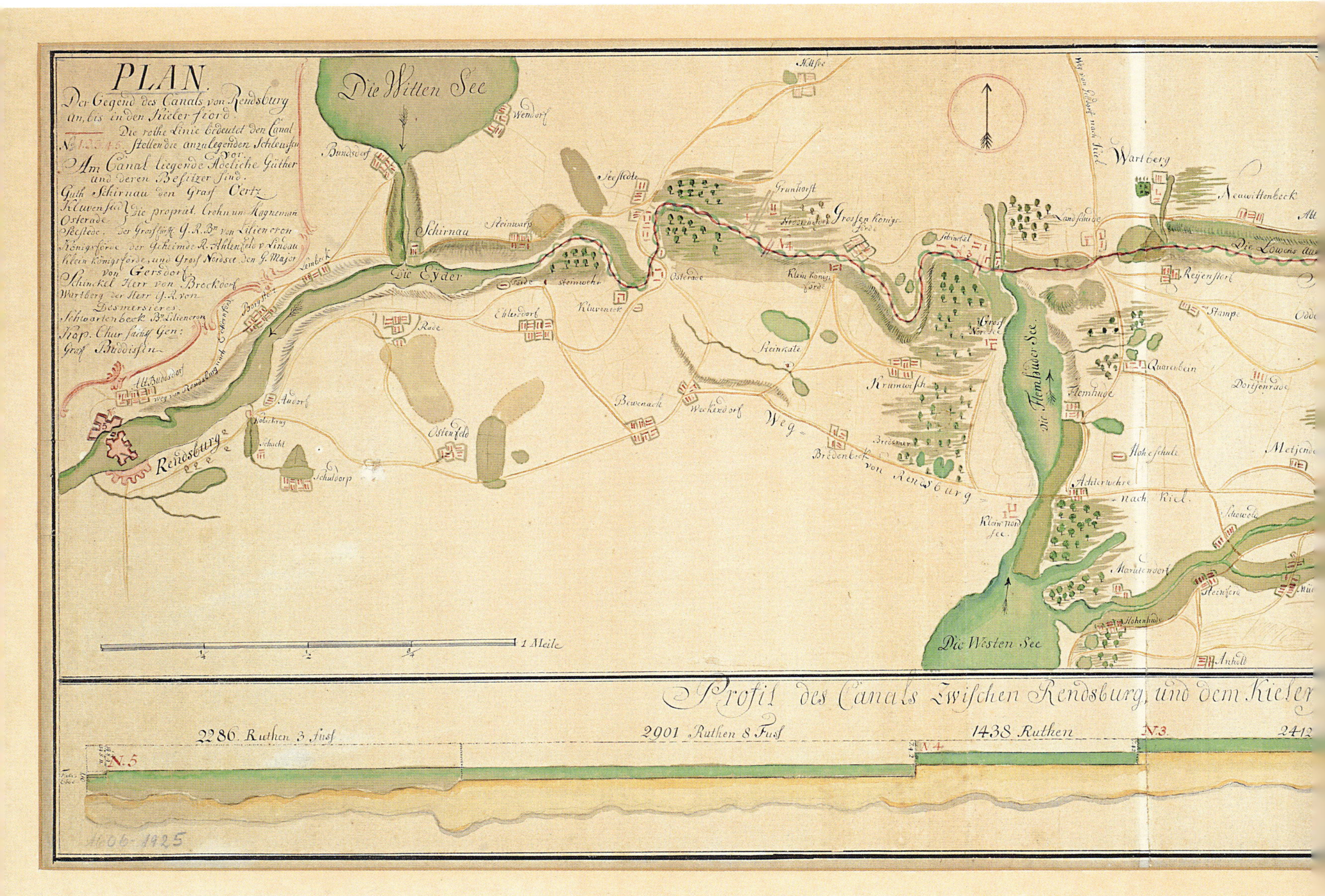

Ein schöner Kanal.

Am 14. April 1774 kommt die Kabinettsorder König Christians VII.:

> *„Da Wir Uns durch die Vorsehung des Höchsten nunmehr im ungetheilten Besitz des Herzogthums Holstein sehen, haben Wir zum Besten Unserer lieben und getreuen Unterthanen den landesväterlichen Entschluß gefaßt, die Ostsee mit der Nordsee zu vereinigen durch die Grabung eines Kanals, der, soweit es die Natur und die Lage der Örtlichkeiten zulassen, mindestens 5 bis 6 Fuß tief sein soll, um dadurch den Handel zu fördern und auszubreiten sowie alle Gewerbezweige im Lande auszuweiten."*

Für Grundsatzfragen zum künftigen Kanal ist eine hochkarätig besetzte Kanalkommission benannt, für die Umsetzung von deren fundamentalen Planungsentscheidungen und die spätere Bauleitung die Kanalausführungskommission ins Leben gerufen. Sie arbeiten in enger Abstimmung.

Schließlich befinden die Kommissionen, dass die Verbindung von Elbe über Stör und Schwale, vom Einfelder über den Bordesholmer und Bothkamper See, von dort über die Eider nach Kiel riesige technische Schwierigkeiten in sich berge und ein Kostenvolumen erfordere, das bei wei-

tem die finanziellen Möglichkeiten des Staates übersteige. Es wird im weiteren Verlauf des Entscheidungsprozesses letztendlich vorgeschlagen, zunächst nur einen Kanal von Kiel nach der Obereider und bis Rendsburg hin anzulegen und von dort dem Verlauf des Flusses bis in die Nordsee hinter Tönning zu folgen. Die Verbindung von Eider zu Stör und Elbe solle einer späteren Zeit vorbehalten bleiben: Der Kanal wird als vorläufige oder Teil-Lösung gesehen; die große ist erst einmal Opfer der Kostenfrage geworden.

Um überhaupt den Kanal durchzusetzen, hebt die Kommission die auch durch diese Lösung zu erwartenden Vorteile für die heimische Wirtschaft hervor. Man folgt ihr; der Bau kann beginnen. Die Trasse folgt insgesamt der Grenze zwischen den Herzogtümern.

Am 18./19. Oktober 1784 ist es dann soweit: Der Kanal ist fertig. Die Ausführungskommission unternimmt auf der *„Rendsburg"* die Abnahmefahrt. Der Kanal besteht. Er ist Europas größter Transit-Kanal, ein Meisterwerk, zum Staunen der maritimen Welt. Überschwängliche sprechen gar von Weltwunder. Er wird seiner Aufgabe technisch gerecht. Seine Vorteile sind in der Segelschiffszeit die Vermeidung der Gefahren vor Skagen und die Wegabkürzung. Der Zeitgewinn beträgt wohl im Durchschnitt drei Tage, ist jedoch keineswegs als konstant anzunehmen, da bei ungünstigem Wind die Schiffe auf der Eider über längere Zeit festliegen können und so der Zeitvorteil verlorengeht. Seine Länge beträgt von Holtenau bis Rendsburg 43 Kilometer. 34 Kilometer entfallen auf die reine Grabungsfläche, 9 Kilometer auf die Obereiderseen. Der gesamte Wasserweg von Ost- zu Nordsee misst 180,5 Kilometer. Er ist 28,7 Meter breit und 3,45 Meter tief. Die Sohlenbreite ist mit 18 Metern bemessen. Schiffe bis zu etwa 300 t können ihn befahren; das ehrgeizige Ziel, ihn auch für die große Schifffahrt befahrbar zu machen, wird wegen der gegenüber den ursprünglichen Planungen geringeren Dimensionierung nicht erreicht.

Die Investitionssumme beträgt 2,5 Millionen dänische Reichstaler, das Vierfache der ursprünglich einmal veranschlagten Kosten.

Der Kanal wird gut angenommen, nachdem er, wegen mangelnder Auslastung durch die heimische Schifffahrt, im Mai 1785 für alle Nationen geöffnet wird: Bis 1830 durchlaufen ihn an die einhunderttausend Schiffe. Die höchste Frequenz weist er in der Zeit auf, als es mit ihm bereits dem Ende zuzugehen beginnt: Zwischen 1874 und 1883 verzeichnet er pro Jahr gut vier-

Prospect von der Östlichen Mündung des Canals.

Stationen:
Holtenau bei Kiel …

[redacted] Die Schleusenbrücke beim Kronwerk während der Besetzung Rendsburgs durch deutsche Bundestruppen. [redacted]

… Rendsburg …

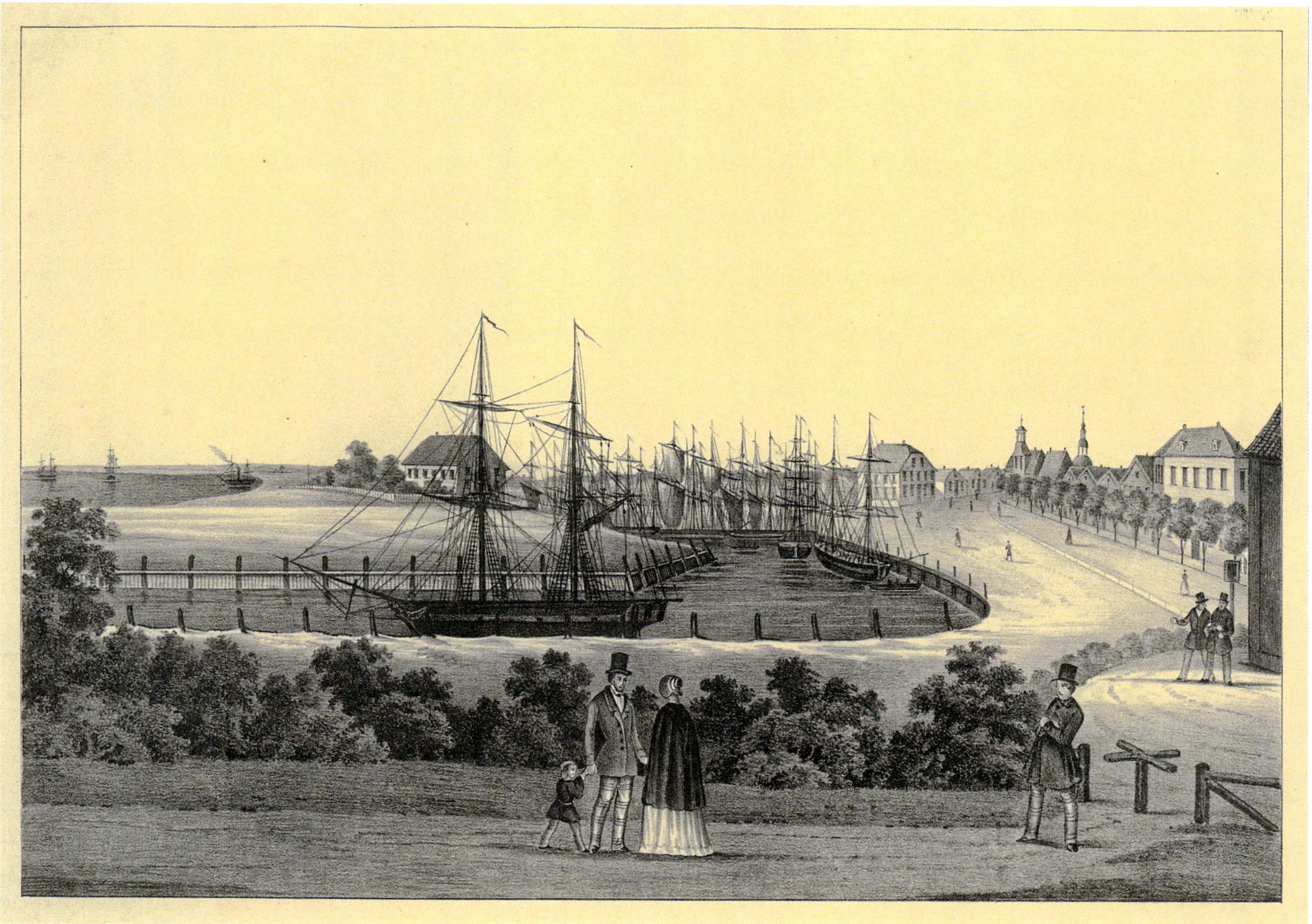

tausend Passagen, sein überhaupt bestes Ergebnis erzielt er im Jahre 1872 mit über fünftausend Durchschiffungen. Auch sind für seine letzten Jahre mehrere feste Dampfschiffverbindungen zu verzeichnen, so von Kiel nach Bremen, von Malmö über Kopenhagen nach Hamburg, von Danzig über Lübeck nach Bremen. Letztendlich werden die immer größeren Schiffe sein Ende besiegeln. Ein wirklich einträgliches Geschäft für den Staat Dänemark ist er nicht geworden. In Maßen von ihm profitiert haben Tönning, Friedrichstadt, Rendsburg und Holtenau. Ein Punkt ständiger Auseinandersetzung ist die Höhe der Passagegebühren, die letztlich nicht wirtschaftlich, sondern politisch – gegen den Protest der Herzogtümer – festgelegt werden: Sie dürfen nicht so attraktiv ausgestaltet sein, dass der Verkehr durch Sund und Belte nennenswerte Einbußen hätte erleiden können: Diese Einnahmen speisen zu dreißig Prozent den Haushalt der Krone. Also sind die Kanalgebühren künstlich hoch zu halten. In den vierziger Jahren des 19. Jahrhunderts führen die Proteste dann doch zu einer gewissen Absenkung der Passageentgelte mit der Folge eines nicht unerheblichen Ansteigens des Verkehrs. Gleiches gilt für die Zeit der Aufhebung der Sundzölle nach 1857.

1853, als die Krone die Herrschaft in Schleswig und Holstein endgültig wieder übernommen hat, wird er in Eider-Kanal umbenannt, um auch *so* dazu beizutragen, die Erinnerung an den „Aufruhr“ und ein unabhängiges Schleswig-Holstein zu tilgen.

… Tönning.

Wehmut.

Der alte Eiderkanal im Umbau, Juli 1891.

Nach all den vergeblichen Anläufen ist der Schleswig-Holsteinische (Eider-)Kanal das erste nachhaltig realisierte Projekt einer künstlichen Wasserstraße durch die Halbinsel in der Neuzeit.

Nachdem seine Zeit um ist, wird er in seinen nach dem Bau des Nord-Ostsee-Kanals noch vorhandenen Resten zu einer der wunderschönen Idyllen im Lande. Er ist es noch heute.

Es soll nicht unerwähnt bleiben, dass auch das Mittelalter ein erfolgreiches Projekt vorweisen kann: Der Stecknitz-Kanal, 1392–1398 erbaut, verband die Stecknitz, Nebenfluss der Trave, mit der Delvenau, Nebenfluss der Elbe, und so, über Mölln und Lauenburg, Lübeck mit Hamburg. Seiner Aufgabe, flachgehende Binnenfahrzeuge zu befördern, ist er lange gerecht geworden.

Ein Vorhaben der frühen Neuzeit, der Alster-Beste-Kanal von 1525/29, der die Beste, wiederum Nebenfluss der Trave, mit der Alster verband, wurde nach fünfundzwanzig kurzen Jahren von dem Grundbesitzer Detlev von Buchwald im Rahmen von Streitigkeiten um Landbesitz zugeschüttet und nicht wieder eröffnet.

Teile beider Kanäle sind bis in unsere Epoche erhalten geblieben.

Lorenz Stein und der Kieler „Ausschuß für die Deutsche Flotte“

„Morgengabe" an Deutschland: Die Schleswig-Holsteinische Flotte 1850.

„Beinahe krankhaft", erinnert sich Otto von Bismarck, sei der *„Flottenenthusiasmus von 1848"* gewesen.

Er übertreibt, aber groß ist die Anstrengung schon und von Begeisterung getragen, als die Frankfurter Nationalversammlung am 14. Juni 1848 beschließt, eine deutsche Marine zu gründen und für den Ankauf von Schiffen und die Schaffung der notwendigen Infrastruktur für die Flotte sechs Millionen Reichstaler aufzubringen. Lange Erörterungen in den zuständigen Gremien sind diesem Beschluss vorausgegangen. Verfassungsrechtlich abgesichert wird die Gründung in Artikel III. § 19. der Verfassung des Deutschen Reiches vom 28. März 1849, die durch die Ungunst der politischen Verhältnisse jedoch nie in Kraft tritt:

„Die Seemacht ist ausschließlich Sache des Reiches. Es ist keinem Einzelstaate gestattet, Kriegsschiffe für sich zu halten oder Kaperbriefe auszugeben."

Bis zum Jahre 1848 verfügt der Deutsche Bund über keine eigenen Seestreitkräfte. Für den Fall der Fälle verließ man sich auf die Bundesloyalität dreier Souveräne, die als Herrscher ihrer Staaten über starke Flotten verfügen, den König von Hannover als König von Großbritannien, den Großherzog von Luxemburg als König der Niederlande, oder die zumindest in der Lage sind, regionale Konflikte zu beherrschen wie der König von Dänemark, als Herzog von Holstein auch er deutscher Bundesfürst.

Die Verhältnisse im Bund ändern sich: Großbritannien und die Niederlande stehen mit ih-

S. M. S. Amazone, Korvette

ren Souveränen als Bundesfürsten seit 1837 bzw. 1839 nicht mehr zur Verfügung. Mit Kopenhagen befindet man sich 1848 im Krieg. Schnell bringt die Seeblockade der dänischen Marine im Erhebungskrieg den deutschen Handel in Nord- und Ostsee weitestgehend zum Erliegen. Dieser unmittelbaren Bedrohung deutscher Interessen gilt es zunächst zu begegnen.

Darüber hinaus aber ist die *Reichsflotte* – dieser Begriff beginnt sich durchzusetzen – ein Zukunftsprojekt, noch weitgehend ungerichtet in seinem Zweck. Sie soll eines der Insignien des neuen Deutschlands sein, eine der großen, Identifikation stiftenden Nationalunternehmungen des jungen Staatswesens. Gewiss ist ihr auch die „faktische" Aufgabe der Küstenverteidigung und der Schutz der Handelsschifffahrt zu übertragen, die aber ist nicht ihr eigentlicher Zweck. Der ist in Wirklichkeit ganz und gar politischer Natur: Das neue Deutschland wäre ein Küstenstaat mit einer langen Küstenlinie von Ostfriesland bis hinüber nach Ostpreußen. Wollte dieser Staat im Konzert der Mächte akzeptiert werden, *musste* er über eine ernstzunehmende Kriegsmarine verfügen, ein mächtiges Symbol seines Anspruchs als künftig große europäische Macht.

Dem Frankfurter Beschluss folgt nach einigen Anfangsschwierigkeiten mit erstaunlicher Tatkraft Zusammenkauf und Zusammenstellung vorhandener Schiffe, so dass innerhalb von nur acht Monaten doch schon eine ansehnliche Flotte entstehen kann. Grundkomponenten sind die Hamburger Flottille, bewaffnete, umgebaute Handelsschiffe, die aus Spendengeldern finanziert wurden, und die die Hamburger Admiralität im Juni 1848 aufkauft als Grundstock für die

„Keimzelle" der preußischen Marine: Korvette „Amazone".

aufzubauende Reichsflotte; dann seit April 1849 die Schleswig-Holsteinische Marine, die 1850 mit drei Raddampfern, einem Schoner und zwölf Kanonenbooten ihre größte Stärke erreichen sollte. Hinzu kommen noch ein Kadetten-Ausbildungsschiff, ein Schlepper, ein Bugsierdampfer. Und – technische Sensation – Wilhelm Bauer entwickelt das erste ernstzunehmende U-Boot in der Marinegeschichte, den Brandtaucher. Preußen schließlich, das befürchtet, dass Russland an Dänemarks Seite in den Krieg eintreten könnte, stellt in aller Eile vierzig Ruderkanonenboote in Dienst. Zuvor hatte seine „Marine“ aus der Schulkorvette *„Amazone“* bestanden. Die Schiffe der Staatsreederei Preußische Seehandlung sind bewaffnet, hauptsächlich zur Piratenabwehr in Mittelmeer und Karibik. Sie führen die Seekriegsflagge.

Es verdient herausgestellt zu werden, dass der Zustand und die schnell erreichte Einsatzfähigkeit das Staunen der Fachleute erregte.

Die Schleswig-Holsteinische Marine erfüllt unter den gegebenen Umständen ihre Aufgabe bravourös und sorgt dafür, dass während des Kriegsverlaufs die dänischen Seestreitkräfte weitgehend als neutralisiert betrachtet werden

Schleswig-Holstein 1848–1850: Kämpferisch auch in heimischem Gewässer, vor Eckernförde.

Trauriges Ende der Reichsflotte: Unter dem Hammer.

können. Die in ihren Teilen nie vollständig integrierte Reichsflotte kommt im Seegefecht vor Helgoland am 4. Juni 1849 zu ihrem ersten und einzigen Einsatz unter der schwarz-rot-goldenen Flagge, der aber abgebrochen werden muss, als das Flaggschiff, die *„Barbarossa"*, in die zu der Zeit britischen Hoheitsgewässer um Helgoland gerät und England diese deutsche Flagge völkerrechtlich nicht anerkennt.

Für den Staat der Erhebung, das künftige Mitglied des Deutschen Bundes, Schleswig-Holstein, ist sein Beitrag zur deutschen Marine nicht nur ein Beitrag zum Schutz seiner eigenen Küsten und der Küsten anderer Bundesmitglieder. Die Schleswig-Holsteinische Marine ist die vornehmste „Morgengabe", die das kleine Land dem großen Deutschland darbringen kann. Ihre Einbringung in die Reichsflotte ist ein Symbol von nicht zu überbietender Kraft: Seht alle her, jetzt gehören wir ganz zum großen deutschen Vaterland. So empfindet man es im Lande und so wird es im Bund gesehen.

Man wird sagen dürfen, dass diese erste deutsche Marine angesichts der obwaltenden Umstände den Beginn ihres Aufbaus weitgehend gemeistert, und dass ganz besonders in ihrem Sektor die ihr angehörende Schleswig-Holsteinische ihre Aufgabe beeindruckend erfüllt hat.

Nach dem unglücklichen Ausgang des Erhebungskrieges endet die Geschichte der Schleswig-Holsteinischen Marine mit der Übergabe fast aller Fahrzeuge an Dänemark im Laufe des Jahres 1851. Die formelle Kommandogewalt geht am 4. März 1852 auf den Sieger über. Viele Mannschaftsmitglieder treten in preußische Dienste über.

Die übrige Reichsflotte existiert nach dem Scheitern der 48er-Bewegung noch eine Zeitlang weiter. Über ihr Schicksal kann im Deutschen Bund keine Einigung erzielt werden: Die Auflösung des Verbandes ist die konsequente Folge. Der Beschluss erfolgt am 2. April 1852. Einige Schiffe gehen an die preußische Marine, der Rest

Letzter Tagesbefehl: Admiral „Brommy“.

wird durch den Auktionator Hannibal Fischer versteigert, am 18. August 1852 in Brake an der Unterweser.

Am 31. März 1853 endet die Geschichte dieser großen deutschen Nationalanstrengung mit dem abschließenden Tagesbefehl des Oberkommandierenden, des Admirals Rudolf („Brommy“) Bromme.

Von all ihren ehrgeizigen Vorhaben hat die Frankfurter Nationalversammlung, oft geschmäht als Professorenparlament, nur dieses mit großer Kraft in die Tat umgesetzt: Die Schaffung einer Kriegsmarine als *das* Symbol deutscher Einigkeit und Einheit. Eine ganz erstaunliche Leistung.

Ein Nord-Ostsee-Kanal:
In direktem Zusammenhang damit und sich aus dem Projekt der Kriegsmarine ergebend, steht der Plan einer anderen großen nationalen Unternehmung: der einer Wasserverbindung für Kriegs- und Handelsschiffe durch die Cimbrische Halbinsel. Auch dieser Plan ist, jenseits seiner militärpolitischen und Handelserwägungen, Zeichen des nationalen Aufbruchs, das seinen Wert und seine Bedeutung schon in sich selbst trägt, mögen die anderen Überlegungen auch hinzutreten. Auch der Kanal ist *so* Symbol.

Neben den öffentlichen Untersuchungen über die technischen Voraussetzungen für die Schaffung des Kanals wird auch in Kreisen der Privatwirtschaft und durch lokale Repräsentanten über das Vorhaben reflektiert. Auf Anregung der Nationalversammlung bilden sich in Norddeutschland Ausschüsse und Komitees, die sich Gedanken über Verlauf, Anfang und Ende, über Kosten und Nutzen einer solchen künstlichen Wasserstraße machen. Manche Stellungnahmen lassen erkennen, besonders was den Beginn und den Endpunkt des Kanals angeht, dass Lokalpatriotismus die Feder geführt hat. Das ist sicher auch so beim Votum einer Gruppe Rendsburger Bürger, die einen interessanten Vorschlag machen: Hauptkriegshafen der Flotte sollte die – weiter ausgebaute – große Festung Rendsburg werden, unter deren Kanonen, vollkommen geschützt vor feindlichem Zugriff, mitten im Binnenland gelegen, die Schiffe versammelt wären. Von diesem Stützpunkt aus könnten sie optimal schnell Einsatzgebiete sowohl in der Ost- als auch in der Nordsee erreichen. Bestechender Gedanke, der jedoch nicht weiterverfolgt wird, wohl auch, weil der Kanal durch Sabotage schnell zur „Mausefalle“ werden könnte.

Als herausragend in der Diskussion sind die Denkschrift des Kieler Ausschusses für die Deutsche Flotte *„über die Errichtung einer Deutschen Flotte“* vom Mai 1848 und der erhaltene handschriftliche Entwurf der *„Denkschrift über die Canalverbindung zwischen Ost- und Westsee für die deutsche Handels- und Kriegsflotte“* vom Juni 1849 zu werten.

Berichterstatter im Ausschuss ist Lorenz Stein, zu der Zeit noch Professor an der Christi-

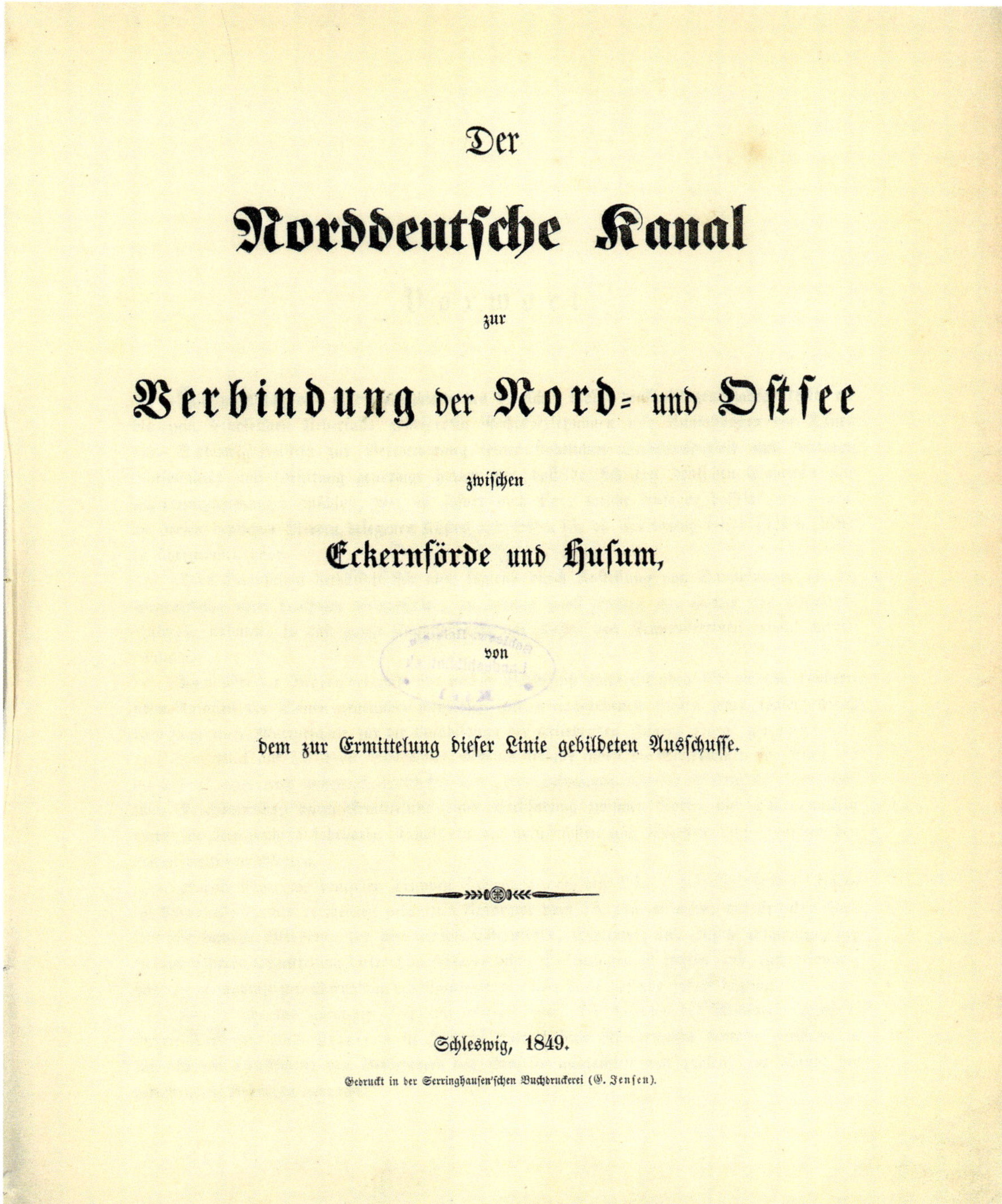

Der

Norddeutsche Kanal

zur

Verbindung der Nord- und Ostsee

zwischen

Eckernförde und Husum,

von

dem zur Ermittelung dieser Linie gebildeten Ausschusse.

Schleswig, 1849.

Gedruckt in der Serringhausen'schen Buchdruckerei (G. Jensen).

1848: Ein Beispiel frühen bürgerschaftlichen Engagements für den Kanal.

an-Albrechts-Universität zu Kiel. Er ist bedeutender Staatsrechtler und Nationalökonom, einer der Begründer der Soziologie als Wissenschaft. Nach Stil und Diktion ist er nicht nur Berichterstatter gewesen, sondern auch der maßgebliche Verfasser der beiden Stellungnahmen. Neben Stein gehören dem Ausschuss die Professoren Christiansen und Olshausen an, sowie die Industriellen Howaldt und Schweffel und der Syndicus Christensen.

In der Denkschrift zur Flotte setzt sich der Ausschuss detailliert mit allen Fragen der Gründung einer solchen Marine auseinander und legt sie dem *„Marine-Congresse"* zu Hamburg vor. Am Schluss der Ausführungen findet sich ein Satz über einen Kanal für Kriegsschiffe:

Interessanter Gedanke: Die mächtige Festung Rendsburg als Dreh- und Angelpunkt der deutschen Flotte.

„Außerdem wäre es von unberechenbarem Vortheil ..., wenn späterhin zwischen Ostsee und Elbe ein Kanal für Kriegsschiffe, ..., angelegt würde."

Des Weiteren geht die Denkschrift nicht auf das Kanalprojekt ein. Das tut, in Abrundung der Auffassungen des Ausschusses, Stein ein Jahr später, als er sich im Juni 1849 mit der *Canalverbindung* auseinandersetzt. Dass diese Denkschrift von einundfünfzig Seiten Umfang nur als handschriftlicher Entwurf existiert, möchte darauf zurückzuführen sein, dass die Ereignisse, die zur Auflösung der Frankfurter Nationalversammlung führen, die Drucklegung zeitlich nicht zulassen. Sie wird in der vorliegenden Form weitergereicht.

Die Schrift ist auch deshalb bemerkenswert, weil sie sich schon zu diesem frühen Zeitpunkt ohne Wenn und Aber für die Linie von Brunsbütteler Koog nach Kiel positioniert. Aus dem weiteren Inhalt:

„... Die deutsche See Küste ist durch die cimbrische Halbinsel in zwei Hälften geteilt, deren Verbindung mit einander durch eine fremde, Deutschland nicht freundliche Macht beherrscht wird. Giebt es keine andere Möglichkeit dieser Verbindung als die bisherige, so wird Deutschland entweder eine doppelt so große Flotte unterhalten müssen als jeder der Staaten mit denen es in Berührung kommt, oder es muß überhaupt darauf verzichten, eine Seemacht zu sein und besitzen zu wollen. Man darf sagen daß wenn das erste eine wirtschaftliche, das zweite eine politische Unmöglichkeit ist. In diesem Widerspruche, den niemand tiefer fühlt als gerade Schleswig-Holstein das von den dänischen Kriegsschiffen umgeben und doch außer Stande war, die geringe deut-

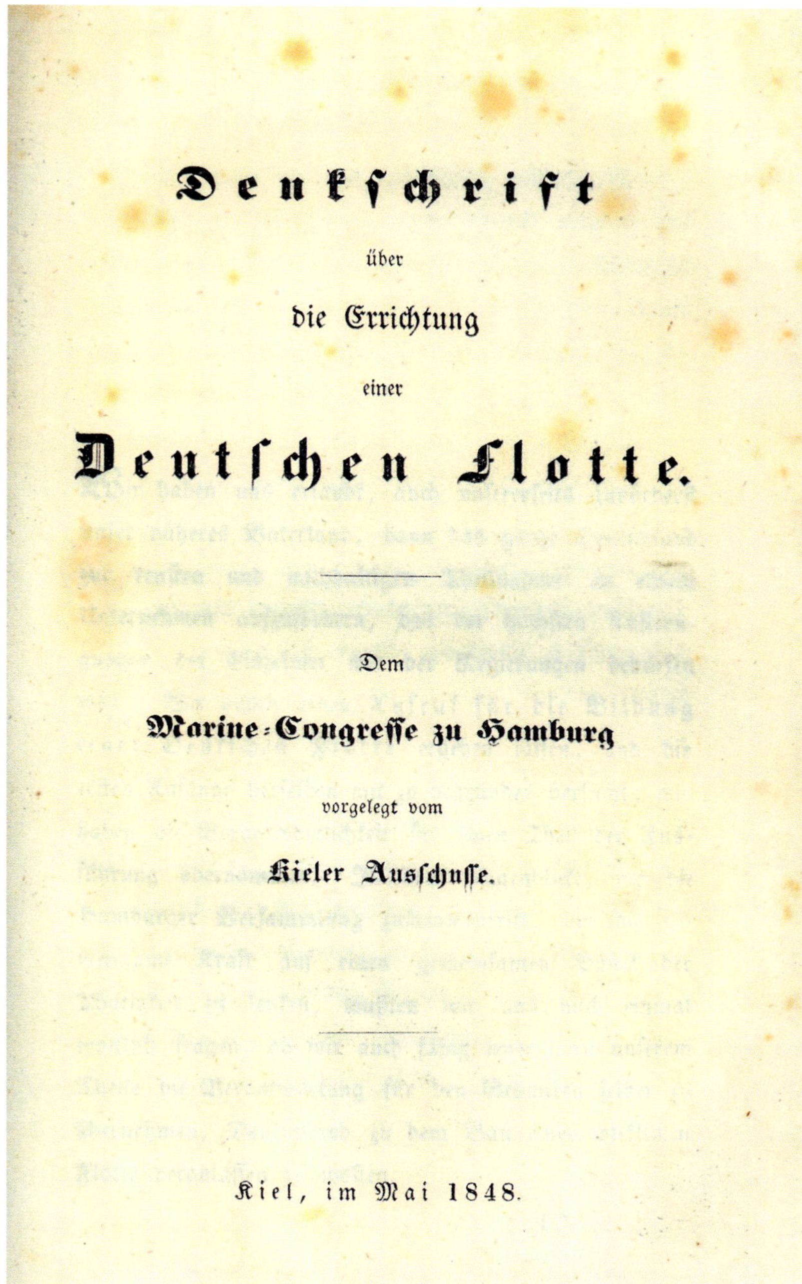

Denkschrift

über

die Errichtung

einer

Deutschen Flotte.

Dem

Marine-Congresse zu Hamburg

vorgelegt vom

Kieler Ausschusse.

Kiel, im Mai 1848.

Zukunftsfähig: Die Kieler Denkschrift.

sche Seemacht die in Nord u. Ostsee zerstreut lag zu sammeln, richteten sich alle Blicke über den gegenwärtigen Druck der Zeit hinaus auf die Lebensfrage der Zukunft aller deutschen Kriegsmarinen: ob es denn ganz und gar unwäglich bleiben müßte, eine von fremder Beherrschung unabhängige, eine deutsche Verbindung zwischen Nord u Ostsee hinzustellen?…

Es würde gewiß für jeden, der die höheren Bedürfnisse Deutschlands zu betrachten und zu beurtheilen versteht, ein ganz überflüssiges Unternehmen sein, wenn wir damit beginnen wollten, die Nothwendigkeit und den Nutzen einer in Deutschlands Händen befindlichen Canalverbindung zwischen Ost- u Nordsee weitläufig darzulegen. Die Natur der Sache spricht hier lauter, als das beredteste Wort. Wie oft und wie entscheidend ist es nicht gesagt u wiederholt, daß die Sicherheit und der Glanz des deutschen Handels von der raschen und angehenden Verbindung der Ost u Westsee abhängt. Wer wüßte nicht, und sprechen wir von dem mächtigen, den deutschen Ostseeländern Leben u Bewegung gebenden Handels und Rhederstande wer hätte es nicht in eigener Erfahrung tief genug bedauert, daß nicht bloß der Weg durch das Kattegatt ein so langer u gefährlicher, sondern daß derselbe durch den dänischen Sundzoll auch noch ein schwer belasteter, und dort durch den letzteren vor allem die deutsche Schiffahrt eine von einem fremden, selten freundlichen, oft feindlichen, immer von nicht deutschen Mächten abhängigen Staate selber in ihrem Gedeihen abhängig ist? Wer konnte jetzt, nachdem wir den Mangel einer Flotte mit Schmerz und Schaam gefühlt und ertragen, nicht die Gründe, welche eine Verdoppelung ihrer Macht durch die Verbindung ihrer beiden naturgemäßen Stationen, der Ost- u Westsee nicht bloß wünschenswerth, sondern geradezu unumgänglich nothwendig für Deutschlands Zukunft zur See machen? Wenn es eine Frage giebt über welche es nutzlos sein wird noch im Allgemeinen zu reden, so ist es diese. So gewiß wie sich die wesentlichen Momente in allem Staats und Volksleben überhaupt bedingen, so groß ist, daß die Einheit Deutschlands in Land und Seehandel, die Entstehung und die Blüthe einer deutschen Seemacht, und die deutsche Verbindung der Ost u Westsee von jetzt an sich gegenseitig bedeutende, ja identische Fragen geworden sind. …

Es muß aber zweitens auch diese Canallinie, weil sie keineswegs bloß ein Handels sondern nothwendig auch ein <u>Marinekanal</u> sein muß, vor je-

Steins handschriftlicher Entwurf zu einer „Canalverbindung zwischen Ost- und Westsee …“.

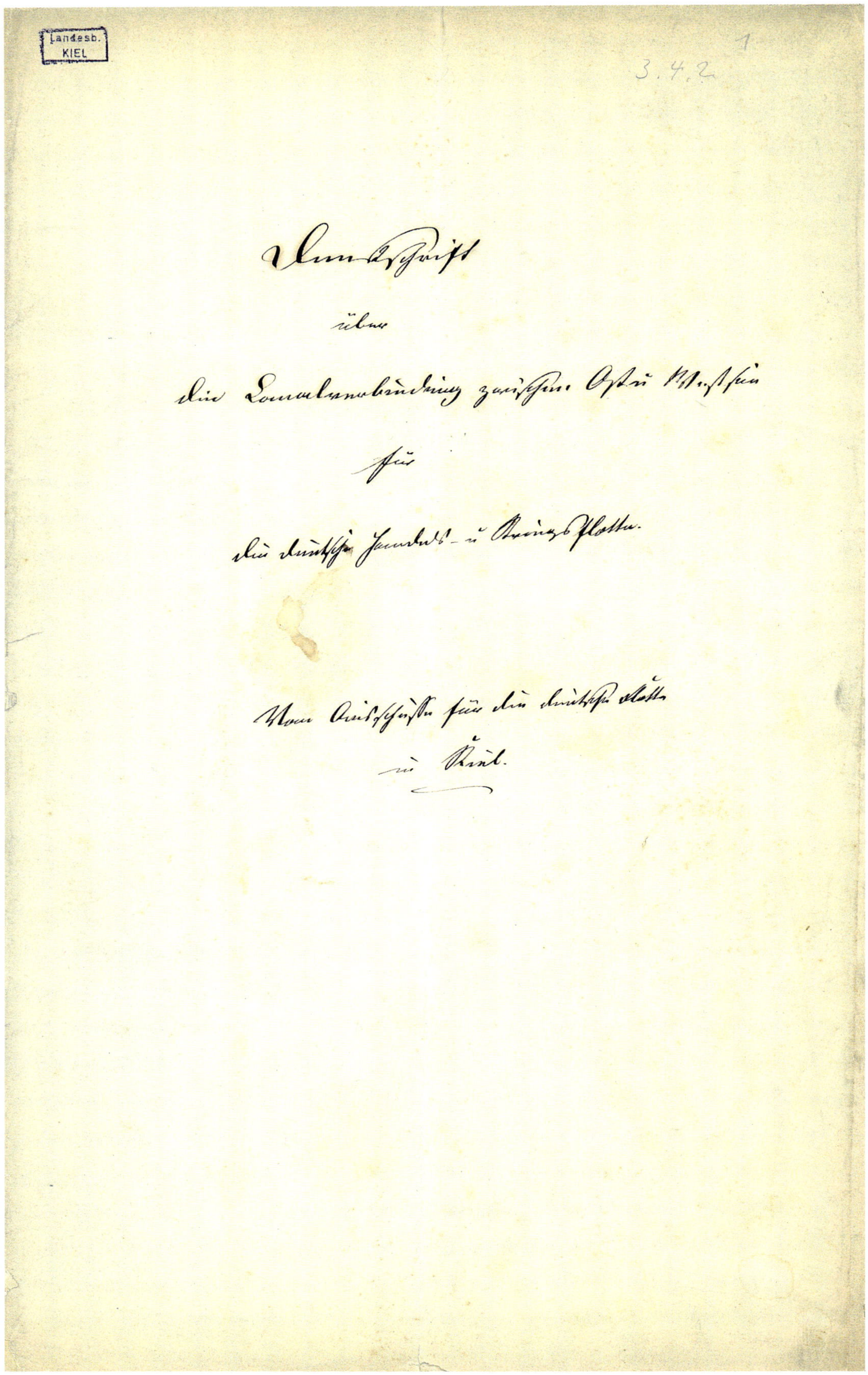

3.4.2
1

Denkschrift

über

die Canalverbindung zwischen Ost- u Westsee

für

die deutsche Handels- u Kriegsflotte.

Vom Ausschuß für die deutsche Flotte

in Kiel.

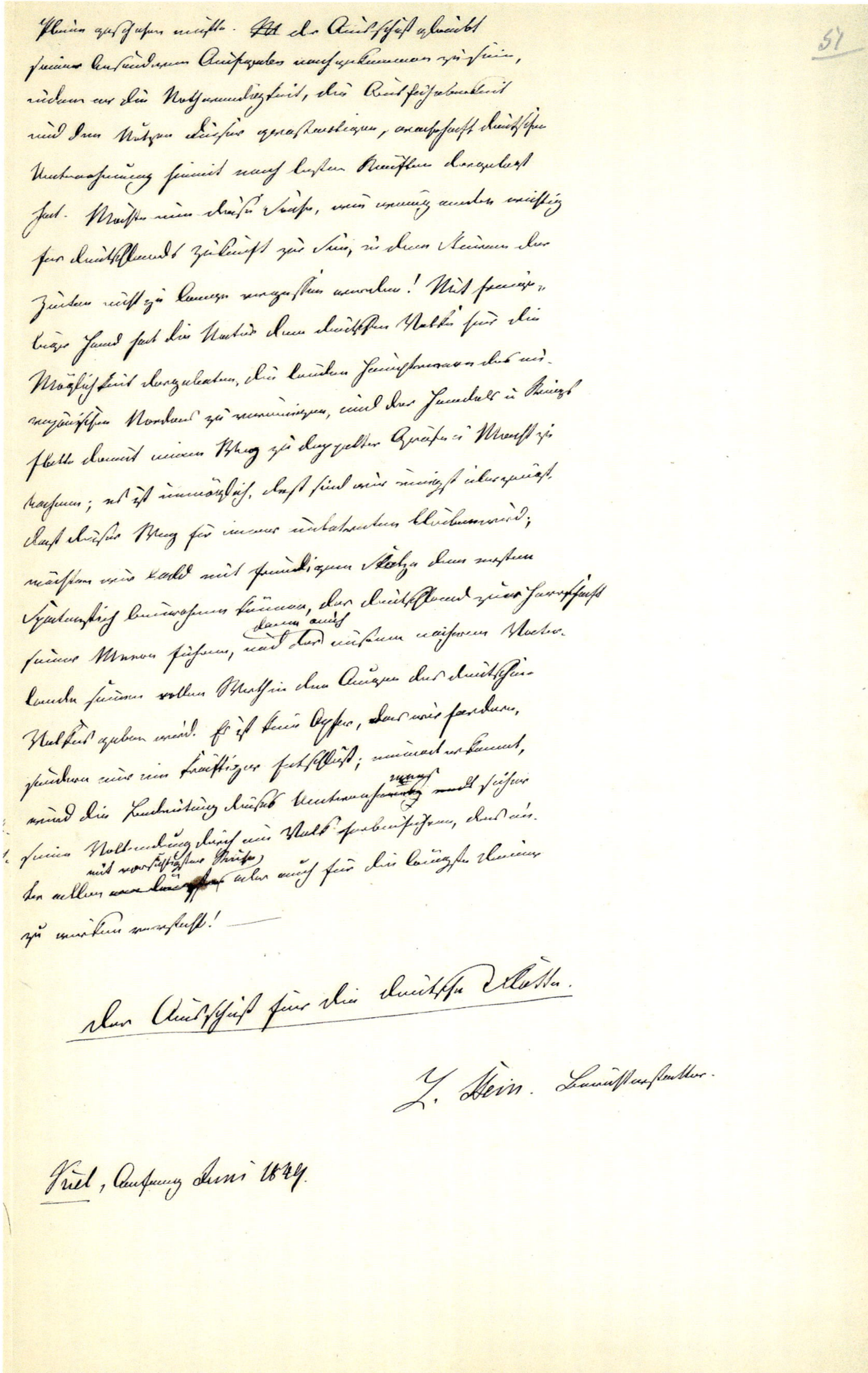

Fortsetzung und Schluss: „L. Stein. Berichterstatter, Kiel, Anfang Juni 1849".

Verfeinerte Planung durch die Brüder Christensen: Opfer der politischen Entwicklung.

dem feindlichen Angriffe zu Lande so gedeckt als möglich liegen, damit nicht eine militärische Operation zu Lande die Verbindung der deutschen Flotten Körper wieder aufhebt. Aus demselben Grunde muß die Mündung des Canals mit dem deutschen Hauptkriegshafen an der Ostsee zusammen fallen…."

Der Ausschuss plädiert an anderer Stelle für Kiel.

Stein vertieft dann die Gründe für die Flotte und, dem folgend, einem Kanal und betont die Gefährdung, *„wenn Deutschland nicht einen Seeweg besitzt, durch welchen es seine Flotte nach Ost und Westsee beliebig und zwar in kürzerer Zeit als jede andere Seemacht hinsenden kann. So durchgreifend wichtig ist diese Wahrheit, daß wir keinen Augenblick anstehen den Satz auszusprechen: wenn Deutschland auch durchaus kein Handelsinteresse bei der Erbauung des Schleswig-Holsteinischen Canals hätte, so müßte es ihn erbauen als einen ganz unenthbehrlichen Theil seiner Seerüstung: es würden verlorene Worte sein die wir weiter noch an den Beweis dieser Wahrheit wendeten; wir zweifeln keinen Augenblick, daß die Reichsgewalt schon von diesem Gesichtspunkt aus an jenes Unternehmen ihre* mächtige Hand legen wird."

Steins große Stellungnahmen erscheinen als die politisch, militärisch und ökonomisch profundesten in der Diskussion dieser Jahre. Sie werden demzufolge zur planerischen Vertiefung ausgewählt, die der Deichinspector Ernst Christensen und sein Bruder, der Wasserbaudirector Heinrich Christensen, vollständig durchführen, unter Anfertigung aller zum Bau erforderlichen Zeichnungen und Erstellung exakter Kostenberechnungen. Das Ergebnis wird dem Marine-Ausschuss der provisorischen Zentralgewalt in Frankfurt intern zugeleitet, kann jedoch wegen der erwähnten Ereignisse nicht in die Phase der Realisierung übergehen.

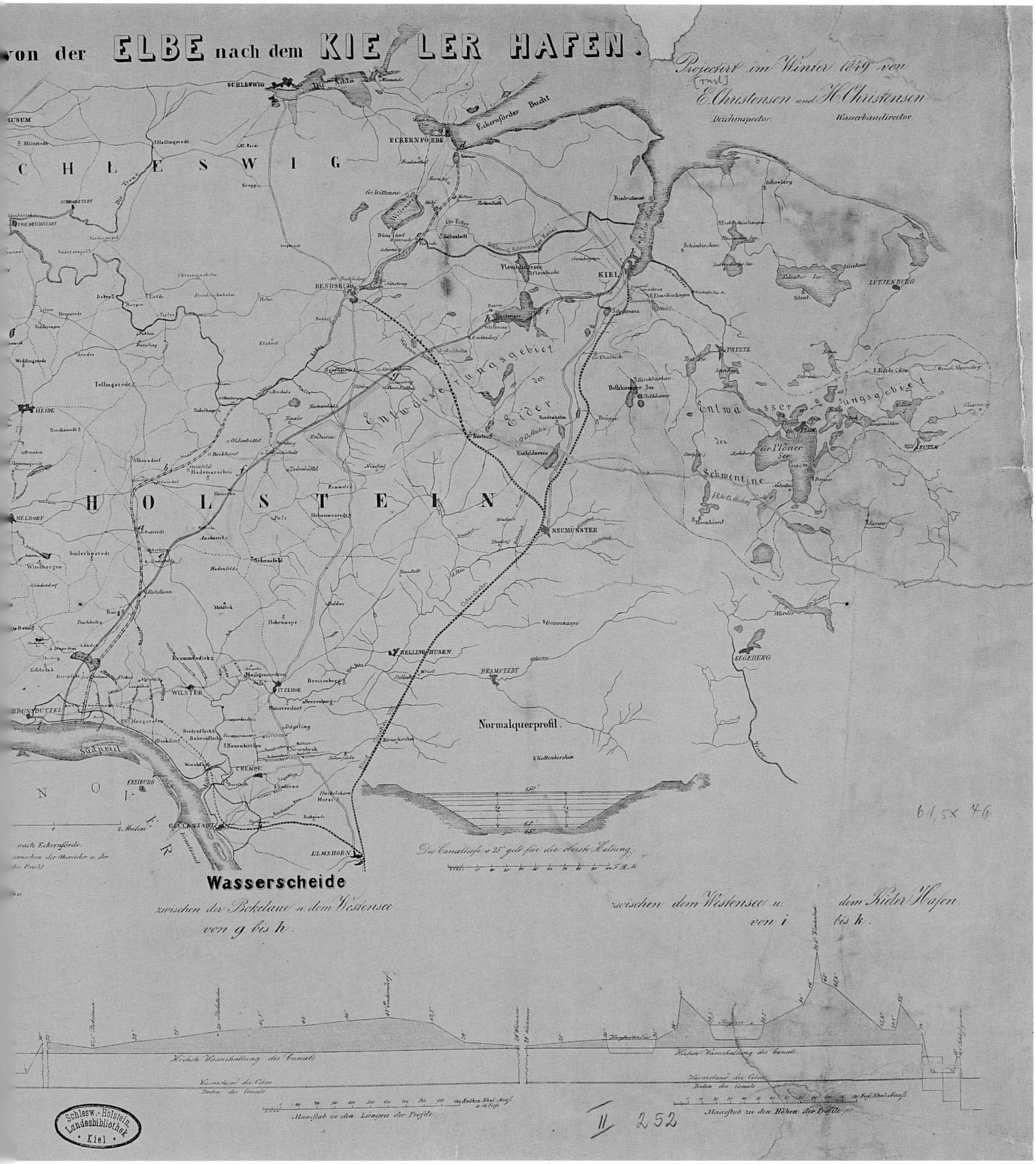
von der ELBE nach dem KIELER HAFEN.
Projectirt im Winter 1849 von
E. Christensen und H. Christensen
Deichinspector. Wasserbaudirector.
SCHLESWIG
ECKERNFÖRDE
Eckernförder Bucht
SCHLESWIG
KIEL
RENDSBURG
LÜTJENBURG
PREETZ
Gr. Plöner See
Entwässerungsgebiet der Eider
Entwässerungsgebiet der Schwentine
HEIDE
MELDORF
HOLSTEIN
NEUMÜNSTER
KELLINGHUSEN
BRAMSTEDT
SEGEBERG
ITZEHOE
WILSTER
CREMPE
GLÜCKSTADT
ELMSHORN
Normalquerprofil
Wasserscheide
zwischen der Bokelaue u. dem Westensee
von g bis h.
zwischen dem Westensee u. dem Kieler Hafen
von i bis k.
Höchste Wasserhaltung des Canals
Maaßstab zu den Längen der Profile
Maaßstab zu den Höhen der Profile
61,5 x 46
II 252

Lorenz Stein, August Howaldt, Johann Schweffel, Theodor Olshausen: Vordenker des Nord-Ostsee-Kanals.

Als das Kanal-Vorhaben 1864 wieder aufgegriffen wird, bringt sich der erneuerte Ausschuss mit einer aktualisierten Stellungnahme wieder ein.

Letztendlich wird seinen Vorstellungen in der entscheidenden Frage, der Streckenführung von Kiel nach dem Brunsbütteler Koog, gefolgt werden.

„C. Hansen aus New York."

DER

STEINISCHE CANAL

VON

BRUNSBÜTTEL NACH DER NEUSTÄDTER BUCHT

ZUR

bindung der Nordsee und Ostsee.

VON

C. HANSEN AUS NEW-YORK.

„C. Hansen aus New York.": Seine große Illusion.

Ein Jahrzehnt kämpft „C. Hansen aus New York.", wie er sich auf dem Titelblatt seiner Denkschrift *„Der Holsteinische Canal von Brunsbüttel nach der Neustädter Bucht zur Verbindung der Nord- und Ostsee"* nennt. Es gibt andere Vorschläge, so 1859 von Herrn Sabatini aus Neapel, der den Kanal von Husum über Schleswig nach Eckernförde graben will. 1863 beschäftigt sich eine anonyme Broschüre aus Schleswig *„Durchstich der holsteinischen Landenge zwischen Ostsee und Nordsee"* mit dem Kanal. Andere Einzelpersonen und Kommissionen stellen ihre Projekte vor, alle verschwinden in den Schubladen.

Christian Hansen ist der hartnäckigste von allen. Von unklarer, vermutlich dänischer Herkunft, ist er Bürger der Vereinigten Staaten, ein typisches Produkt der jungen, vorwärtsstürmenden amerikanischen Nation der ersten Hälfte des 19. Jahrhunderts, die noch nicht durch die Tragödie des Bürgerkriegs gelähmt und zerrissen ist. Einem „C. Hansen aus New York." kann einfach alles gelingen. Das Wirken dieses „Projektmanagers" ist deshalb so interessant, weil er sein Vorhaben unbeirrt durch die Zeiten dramatischer Umbrüche führt, unverzagt, immun gegen Rückschläge, vom wiedererstandenen Gesamtstaat durch die Zeit von Krieg und Condominium bis hin in die preußische Provinz. Ein soldier of fortune, ein Glücksritter, ist er. Seine Chance sieht er gekommen, als auch der Gesamtstaat die Weltwirtschaftskrise 1857-1859 überwunden hat. Hinzukommt, dass Dänemark durch internationalen Vertrag vom 14. März 1857 gegen eine Ablösesumme von 30,5 Millionen dänischen Reichstalern die Sund- und Beltzölle abgeschafft hat, und das mögliche Äquivalent von Kanalgebühren plötzlich für zukünftige dänische Staatshaushalte einen ganz anderen Stellenwert bekommt. Dass diese Gebühren staatsrechtlich vielleicht nicht in den Etat der Krone gehören mögen, wäre ein Gesichtspunkt, der angesichts des Triumphs über die „Aufrührer" und des Repressionsregimes in den niedergeworfenen Herzogtümern nach 1851 keine Rolle spielt.

Das ist Hansens Stunde: „Sein" Kanal soll von Brunsbüttel nach der Neustädter Bucht gehen. Sorgfältig bereitet er das Terrain für seinen Auftritt bei der dänischen Regierung vor. Er bereist, mit üppigen Empfehlungsschriften seiner Regierung versehen, Europa, um zunächst in den wichtigsten Hauptstädten für sich und sein Projekt zu werben. Ihm öffnen sich die Türen: Die Außenminister Frankreichs, Belgiens, der Niederlande, Großbritanniens und Preußens begrüßen das Projekt oder zeigen freundliches Interesse. St. Petersburg ist nicht interessiert, wünscht aber Glück. So versichert, tritt er 1859 an die dänische Regierung heran und schlägt nun „seinen" Kanal vor, den eine Aktiengesellschaft finanzieren soll. Als Bauzeit setzt er sieben Jahre an, für das Aktienkapital 8.000.000 Dollar. Die Privilegierung zum Bau und Betrieb des Kanals bittet er auf 99 Jahre auszusprechen, die dann erneuert werden könne. Oder aber Dänemark übernähme dann gegen eine zu verhandelnde Ablösesumme. Seinen Aktionären verspricht er eine zehnprozentige Dividende, die sich aus den Kanalpassageabgaben speisen soll. Ausführlich begründet er die wirtschaftlichen Vorteile, lässt aber gleichfalls nicht unerwähnt, dass es einen großen strategischen Vorteil darstellen werde, wenn man künftig die dänische Flotte – unter Umgehung von Skagen – direkt in die Nordsee verlegen könnte. König Friedrich VII. und die Regierung zeigen sich geneigt, die Sache geht. Im Mai 1860 findet die fachliche Prüfung durch die Ministerien statt. Bedenken des Marineministeriums, es sehe einen Nachteil für die Landesverteidigung in diesem Kanal, falls der im Kriegsfalle in feindliche Hände übergehe, sind von Gewicht und fließen in die Stellungnahme ein. Ansonsten nur positive Signale. Im August wird Hansen signalisiert, man wolle weiter verhandeln, wobei prononciert herausgestellt wird, dass es völkerrechtliche Garantien dahingehend zu erwirken gelte, dass der Kanal im Falle kriegerischer Auseinandersetzungen nicht von fremden Mächten zum Schaden Dänemarks genutzt werden dürfe. Letztendlich heißt das im Klartext: völkerrechtlich verbindliche Neutralität des Kanalgebiets, abgesichert durch Erklärungen der maßgeblichen Mächte. Diese Forde-

Wohlwollend: König Friedrich VII. von Dänemark.

rung steigert sich auf Seiten der Kopenhagener Regierung bald zu dem Verlangen, das ganze Herzogtum Holstein, über dessen Territorium der Kanal ausschließlich gehen soll, für neutral erklären zu lassen. Eine irreale Vorstellung, ist doch das Herzogtum Vollmitglied des Deutschen Bundes, der sich ganz sicher seine politische Manövrierfähigkeit in diesem sensiblen Gebiet nicht wird nehmen lassen; in Holstein erhebt sich selbstredend sofort Protest. Entscheidender aber ist, dass eine Zustimmung Preußens nicht zu erhalten sein dürfte. Damit ist Hansens Projekt eigentlich gescheitert, aber man verhandelt weiter nach dem Motto *„Tun wir doch so, als hätten wir nichts bemerkt"*. Hansen selbst sieht sich noch auf sicherem Boden, weil er ja die wohlwollenden Stellungnahmen der Außenministerien in Händen hält, die aber selbstverständlich keine Belege für die Unterstützung der erst später erhobenen dänischen Neutralitätsforderung enthalten können. Er sieht augenscheinlich die nach seiner Auffassung anstehenden Verhandlungen in dieser Frage nur als Formalie und beantragt im September 1860, die notwendigen Nivellements herstellen zu dürfen; drei Wochen später ist der Antrag genehmigt. Dass Dänemark zu dieser – oder jeder anderen – Zeit in intensive Gespräche oder Beratungen über Holsteins Neutralität eingetreten wäre, ist nicht bekannt.

Zwischendurch wird Hansen nervös, er hat wegen zunehmender Probleme zwischen Dänemark und dem Deutschen Bund und der sich verschärfenden innenpolitischen Situation in den Vereinigten Staaten Schwierigkeiten, die Mittel für notwendige Kautionsleistungen aufzubringen. Ihn beschleichen leise Zweifel, ob das Projekt sich verwirklichen lassen werde. Er tritt an die Regierung heran mit der Bitte, eine Garantieübernahme hinsichtlich der ihm bisher entstandenen Kosten auszusprechen, falls das Projekt sich zerschlage oder in andere, auch staatliche, Trägerschaft übergehe. Sein Schreiben bleibt unbeantwortet. Die Arbeiten beginnen, aber nicht einmal diese Kosten sind gesichert, so dass Hansen bei künftigen Anliegergemeinden mit dem „Hut in der Hand" herumgeht, um an die notwendigen Mittel zu kommen.

Das Glück wendet sich gegen ihn. Als 1861 der amerikanische Bürgerkrieg beginnt, ist es ihm nicht mehr möglich, in den USA Kapital für die zu gründende Aktiengesellschaft aufzutreiben. Amerikanische Investoren aber zu gewinnen, ist das Finanzierungsfundament des gesamten Unternehmens. So steht ihm weder Geld zur Verfügung, um die Baugenehmigung nach Kautionszahlung von 500.000 Talern zu erlangen, noch die veranschlagten acht Millionen für die Bauausführung. Dieses ist das erste Scheitern von „C. Hansen aus New York.".

Das Verhalten der dänischen Regierung ihm gegenüber ist schlicht unredlich, wusste sie doch, dass eine Neutralitätserklärung für Holstein niemals erhältlich wäre. Sie hat sich nicht einmal darum bemüht. Weshalb sie Hansen dennoch weitermachen lässt, erschließt sich unter keinem Gesichtspunkt.

1864 erledigt sich dann diese Sache von selbst. Der Deutsch-Dänische Krieg beendet Dänemarks Rolle in den Herzogtümern. Schon während des Krieges beginnt in der künftigen preußischen Provinz Schleswig-Holstein die Zukunftsplanung. Dabei wird auch die Kanal-Idee *„wiederausgegraben"*, wie Wilhelm I. es später formuliert. Hansens Unterlagen werden in die Überprüfung einbezogen. Als er sich im Spätfrühjahr bei der neuen Herzoglichen Landesregierung nachfragend wegen seines Projektes und seiner Ansprüche meldet, wird er hinhaltend beschieden. Hansen erfährt von preußischen Planungen für einen Kanal auf der Linie Eckernförde-Rendsburg-Brunsbüttel. Sofort protestiert er, da er hierin eine Verletzung seiner durch den König von Dänemark verliehenen Rechte sehe. Rüde wird er abgeschmettert, überhaupt keine Rechte habe er erworben. Täuschung wird ihm vorgeworfen.

Aber er ist zäh. Nachdem sich die Verwaltungszuständigkeiten zwischen Preußen und Österreich im Gasteiner Vertrag vom 15. August 1865 geklärt haben, meldet er sich beim österreichischen Statthalter für Holstein mit der Bitte, den nach diesem Vertrag Preußen gestatteten Kanal technisch untersuchen und das vorgesehene Gelände begehen zu dürfen. Die zuständige Landesregierung erteilt die Genehmigung. Ob er tatsächlich tätig geworden ist, ist nicht bekannt; möglicherweise will er sich auch nur im Gespräch halten.

Auch nach der Allein-Inbesitznahme beider Herzogtümer durch Preußen im Herbst 1866 „bleibt er am Ball". Jetzt bittet er zusätzlich um die Erlaubnis, Nivellierungsmaßnahmen für eine Kanallinie vom Kieler Hafen nach St. Margarethen vornehmen zu dürfen. Das wird ihm gestattet, Geld für die Finanzierung dieser technischen Arbeiten hat er nicht. Im Dezember 1866 wendet er sich direkt an Bismarck, verweist darauf, dass Preußen jetzt Gesamtrechtsnachfolger der dänischen Krone sei und ihm aus den von dieser ihm gegenüber eingegangenen Verpflichtungen ein Betrag von mindestens etwa 900.000 dänischen Talern zustehe. Der Minister für Auswärtige Angelegenheiten in Berlin schaltet den Kieler Oberpräsidenten von Scheel-Plessen ein,

Zwischen laissez faire und krasser Ablehnung: Ludwig von Gablenz und Carl von Scheel-Plessen.

der nach akribischer juristischer Prüfung keinen Ansatzpunkt für Schadensersatz- oder Kompensationszahlungen entdecken kann. Wieder abgeschmettert.

Ein letztes Mal versucht er es: Im Februar 1868 bietet er dem Außenministerium in Berlin an, einen seiner frühen Kanalpläne, von Kiel über den Plöner See nach St. Margarethen, zu realisieren. Keine Antwort; da bittet er nur noch um Rückgabe seiner von neun ausländischen Regierungen ihm ausgestellten Referenzen. Im Mai 1868 erhält er sie zurück, zusammen mit einem Aktenkonvolut, enthaltend seine Pläne – seine Träume.

Hansen war ein realistischer Phantast. Realistisch waren seine Pläne durchweg. Alle wären sie umsetzbar gewesen. Er ist Opfer der politischen Verhältnisse, der Bürokratien und – in erster Linie – seiner selbst. Offenbar war er ein ganz großer Selbsttäuscher mit Hang zum Hochstaplerischen, der in die Dinge immer das hineingesehen hat, was er hineinsehen wollte. Und demzufolge hat er Warnsignale falsch eingeschätzt, nicht erkannt, dass man ihn seine Luftschlösser hat bauen lassen, ohne selbst auch nur die geringste Verpflichtung eingehen zu wollen. Er ist blind, vertrauensselig und auch überheblich. Aber er ist auch kühn, unbeirrbar in seiner Mission, lange interessant, zum Schluss hämisch abgetan:

> *„Das Gesuch ist, wie auch die Übersetzung ergibt, als reiner Wischwasch stylisiert und außerdem voll von orthographischen, Interpunktions- und Sprachfehlern."*
> *„Die Frechheit des anliegenden Gesuchs geht selbst für einen Pseudo-Yankee doch etwas weit."…*

So das Berliner Außenministerium und das Schleswig-Holsteinische Oberpräsidium 1867 in einem Aktenvermerk über „C. Hansen aus New York.", dessen Spur sich bald verliert.

Preußen übernimmt

Altjahrsabend 1863.
Otto von Bismarck verbringt ihn im Kreise vertrauter Freunde. Das Gespräch kommt schnell auf die angespannte Situation in den Herzogtümern, nachdem Dänemark in seiner neuen Verfassung, der „Novemberverfassung", die Inkorporation Schleswigs in die dänische Monarchie vollzogen hat. Das verstößt eklatant gegen die Regelungen, die die Völkergemeinschaft nach dem Erhebungskrieg mit dem Land getroffen hat. Danach sollten die Herzogtümer Schleswig und Holstein in ihrer überkommenen Form als selbständige Teile des dänischen Gesamtstaates erhalten bleiben, aber eben nicht Bestandteile der Monarchie selbst, so wie Provinzen, werden. Hierauf ist nach dem staatsrechtlichen Ritual der Zeit zu reagieren. Für Otto von Bismarck ist die Sache klar: Krieg gegen Dänemark ist das Mittel der Wahl. Er setzt sich durch. Österreich und Preußen führen den Feldzug für den Deutschen Bund, bald handelt Preußen auf eigene Rechnung.

Offizielles Kriegsziel ist die Wiederherstellung des gekränkten Rechts, des status quo ante, die erneute Unterwerfung Dänemarks unter das Joch des Internationalen Rechts. Das erscheint konsequent, nachdem die Staatengemeinschaft beschlossen hatte, dass die Erhaltung des dänischen Gesamtstaates in seiner überkommenen Form im europäischen Interesse liege. Doch seitdem ist viel Zeit vergangen.

Mit der „November-verfassung" nimmt das Unglück seinen Lauf: König Christian IX. von Dänemark.

Und so hat Otto von Bismarck, der Krieg hat noch nicht einmal begonnen, längst eine ganz andere Antwort parat:

„Die ‚Up ewig Ungedeelten' müssen einmal Preußen werden. Das ist das Ziel, nach dem ich steuere; ob ich es erreiche, steht in Gottes Hand."

Damit gibt er die Melodie der nächsten Jahre vor und erteilt vor allem jedem Ehrgeiz der Schleswig-Holsteiner, einmal in einem eigenen Staat zu leben, sich also endlich den Traum von 1848 zu erfüllen, eine kategorische Absage. Am 1. Februar 1864 beginnt der Krieg. Am 30. Oktober 1864 endet er mit dem Wiener Frieden, in dem Dänemark unter König Christian IX. auf alle Rechte an den Herzogtümern verzichtet. Damit sind sie „auf dem Markt" und das „Ringen" um ihre Zukunft beginnt. Offiziell endet diese Zwischenzeit am 19. Januar 1867, als Preußen das Land als seine jüngste Provinz übernimmt.

Noch während der Krieg tobt, die Entscheidungsschlacht von Düppel am 18. April 1864 noch nicht geschlagen ist, schafft der preußische Ministerpräsident Tatsachen. Der Gang der Dinge wird ihm Recht geben.

Zu den Fakten, die er schafft, gehört auch die Planung eines Nord-Ostsee-Kanals.

Da er schon vor Kriegsende keine Zweifel daran hat, dass er Dänemark die Herzogtümer entreißen wird, werden sich überholte Fragen nicht mehr stellen. Etwa die über das Territorium, über das der Kanal gehen soll, über Schleswig oder Holstein oder über beide, was in der Vergangenheit auch Teil der Überlegungen war. Er hat für sich bereits volle Planungssicherheit: Der Kanal wird die neue preußische Provinz Schleswig-Holstein dort durchschneiden, wo Sachgründe dieses gebieten.

Anfang vom Ende des Gesamtstaats: Düppel am 18. April 1848.

Seit seiner Zeit als Gesandter in St. Petersburg in den Jahren 1859 bis 1862 verfolgt er die Diskussion um eine Wasserverbindung von Nord- und Ostsee durch die Herzogtümer aufmerksam, aber noch ohne gerichtetes Interesse. Es stehen die geopolitischen Bedeutungsinhalte dieser Meere noch nicht im Fokus seiner Betrachtung. Das soll sich ändern. Aber die Pläne für diesen Kanal sind ihm gegenwärtig, wie jedem politischen und wirtschaftlichen Kopf der Zeit. Man kann sich dem kaum entziehen, durchzieht doch „der Kanal" wie ein roter Faden die Diskussion dieser Jahre im Norden.

Und in eben diesen Jahren wird Preußen ganz langsam auch eine See-„Macht", realistisch betrachtet eher ein Staat mit einer Kriegsmarine im Aufbau. Ihr Motor ist Prinz Adalbert, Sohn des Prinzen Wilhelm, jüngsten Bruders König Friedrich Wilhelms III.. Die Marine wird mit ruhiger Gelassenheit geschaffen, kein Vergleich mit der Flottenbegeisterung der 1848/49er Zeit.

Seit November 1853 wird an der neuen Flotte gearbeitet; 1855 legt die Admiralität, direkt dem preußischen Ministerpräsidenten unterstellt, ihr erstes Flottenprogramm vor, in dem die Marine bestimmt wird zur *„Schützerin der Häfen und der Handelsschifffahrt des Deutschen Zollvereins"*. Es wird auch schon ein potentielles Feindbild formuliert, wenn es heißt, die neue Streitkraft habe gegebenenfalls *„dem Inselreich und seiner altberühmten Seemacht entgegenzutreten und gewaltsam den Belt zu öffnen, um von der Ost- in die Nordsee zu gelangen"*.

Danzig wird Hauptstützpunkt. Im Jasmunder Bodden soll später die große zentrale Marinestation errichtet werden. Dazu wird es nicht

Großherzogtum Oldenburg: Eine Schlüsselposition an der Nordseeküste.

kommen. Es gibt Diskussionen über andere Standorte. Letztlich wird 1865, aus Kostenersparnisgründen, Kiel das Rennen machen.

Nur nebenbei bemerkt: Das befreundete Großbritannien, das zwischen 1848 und 1865 preußische Seekadetten ausbildet, nimmt die Entwicklung letztlich politisch desinteressiert zur Kenntnis. Frankreich und Russland sind es, die man dort beobachtet.

Von Beginn an ist die Sicherung freien Schiffsverkehrs zwischen den beiden Meeren fester Bestandteil der Ideologie der Marine. Sie hat mit Ostfriesland auch Staatsgebiet an der Nordseeküste zu schützen. Zunächst übernimmt Preußen mit Vertrag vom 20. Juli 1853 den Schutz des nordseeaffinen oldenburgischen Staatsgebiets, seine Abrundung erfährt dieses Arrangement mit Abkommen vom 23. November 1854, mit dem Oldenburg ein Stück seines Territoriums an der Jade an Preußen abtritt, zur Anlegung eines „Marine-Etablissements". Die Inbetriebnahme des späteren Wilhelmshaven verzögert sich noch um Jahre, aber damit ist Preußens Positionierung an der Nordsee geklärt.

In der ersten Hälfte der sechziger Jahre gerät der Flottenaufbau ins Stocken; 1862 und 1865 werden Mittel für weitere Planungen vom preußischen Abgeordnetenhaus nicht bewilligt. Dabei geht es gar nicht um die Marine. Sie ist vielmehr auch eines der Opfer im großen Verfassungsstreit zwischen Bismarck und dem Parlament, einer der ganz großen Staatskrisen der preußischen Geschichte.

Es geht um Biegen oder Brechen. Was sie zu ertragen hat, ist sozusagen ein Kollateralschaden, der aus einem ganz anderen Spiel resultiert.

Mit guten Nerven lässt Bismarck dennoch weiter am Kanal planen.

Schon im Februar 1864 regt Handelsminister Graf Itzenplitz an, *„die Verhältnisse des Schleswig-Holsteinischen Kanals näher ins Auge zu fassen und zu erwägen, ob derselbe nicht vielleicht verbessert oder für unsere Ostseeschiffahrt nützlicher gemacht oder gar vielleicht durch einen neuen besseren Kanal zwischen Nord- und Ostsee ersetzt werden* *könnte, ...“*. Der Ministerpräsident, dem Itzenplitz vorträgt, ist einverstanden mit weiteren Erhebungen, macht sich schon Gedanken, ob der Staat oder eine Aktiengesellschaft Träger des Vorhabens sein sollte, ordnet Geheimhaltung an. Nachdem Kriegsminister von Roon gleichfalls Einverständnis signalisiert hat und Hannover und Sachsen, die die Bundeskommissare im besetzten Holstein stellen, an ihre Herren Anweisung erteilen, die Vorarbeiten zu unterstützen, wird das Placet des Königs eingeholt.

Es geht voran: Federführer ist der Handelsminister. Er entsendet den Geheimen Ober-Baurath Lentze nach Holstein, um ein Gutachten zu erstellen *„für eine Kanalverbindung zwischen Nord- und Ostsee, welche alle Kriegs-, Handels- und Dampfschiffe gut passieren können“*.

Da ist es Anfang April 1864, Ende des Monats kehrt er nach Erledigung seiner Arbeit nach Berlin zurück. Am 9. Mai erstattet er Bericht über seine Arbeitsergebnisse. Unfasslich schnell nach heutigem Maßstab.

Mitte April schon hatte der kanalbegeisterte Minister dem König Zwischenbericht gegeben, in dem er zu dem Ergebnis kam:

> *„Dem Kanal können sich die günstigen Momente zuwenden, welche s. Z. die Bedeutung der freien Städte Lübeck und Hamburg herbeigeführt haben. Die Ausführung würde unfehlbar nicht nur von dem Handelsstande der Ostseehäfen, sondern von allen betheiligten Nationen auf das Freudigste begrüßt werden.*
> *Hiernach habe ich geglaubt, vor den bestehenden Schwierigkeiten nicht zurückweichen zu dürfen. Es wird - wie ich glaube - allseitig als erfreulich anerkannt werden, daß der Sache überhaupt näher getreten wird, und wird zum Ruhme Ew. Majestät gereichen, wenn hierdurch die Ausführung gefördert und ermöglicht wird. Hierzu bedurfte es eines schleunigen Vorgehens.“*

Lentze berücksichtigt bei seinen Überlegungen die bisherigen Planungen, soweit sie als seriös einzustufen sind und lehnt sich im Ergebnis an die Planung an, die Rendsburger Bürger in ihrer Denkschrift vom 10. November 1848 vorgelegt hatten, verfasst von den Brüdern Christensen, und die sie weiten Kreisen, von König Friedrich Wilhelm IV. von Preußen bis hin zur Frankfurter Nationalversammlung, zugänglich gemacht hatten. Lentze folgt dem Vorschlag der Wegführung von einem Punkt an der Niederelbe hin zur Eckernförder Bucht. Die Vorstellung der Rendsburger zu einer Schlüsselstellung der Stadt für die Flotte lässt er unberücksichtigt. Er fügt eine erste vorsichtige Kostenschätzung bei: 34 Millionen Taler.

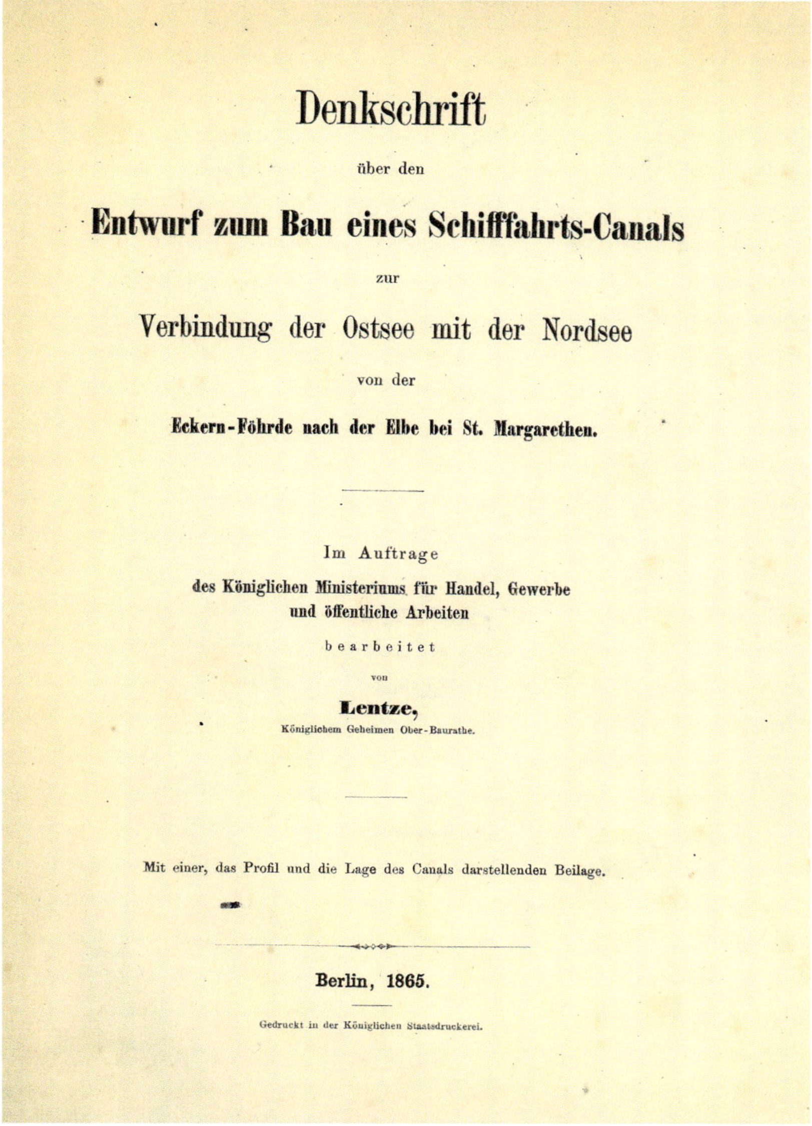

Denkschrift

über den

Entwurf zum Bau eines Schifffahrts-Canals

zur

Verbindung der Ostsee mit der Nordsee

von der

Eckern-Föhrde nach der Elbe bei St. Margarethen.

Im Auftrage

des Königlichen Ministeriums für Handel, Gewerbe und öffentliche Arbeiten

bearbeitet

von

Lentze,

Königlichem Geheimen Ober-Baurathe.

Mit einer, das Profil und die Lage des Canals darstellenden Beilage.

Berlin, 1865.

Gedruckt in der Königlichen Staatsdruckerei.

Grundlage aller späteren Überlegungen: Lentzes „Einstiegs-Planung“.

Itzenplitz kommt beim König nun um die *„Allerhöchste Genehmigung"* ein, für weitere vorbereitende Untersuchungen, die Projektplanung und die Erstellung eines verfeinerten Kostenanschlags 7.000 Taler zur Verfügung zu stellen, *„unter Vorbehalt der Erstattung seitens einer sich bildenden Actien-Gesellschaft"*: Bewilligt. Der Hinweis auf die Aktien-Gesellschaft resultiert daraus, dass sich schon am 18. Mai unter dem Vorsitz des ehemaligen Ministers von der Heydt ein Komitee zur Vorbereitung einer Aktien-Gesellschaft zum Bau des Kanals zusammengefunden hat, dem Bankiers und Reeder aus Berlin, aus deutschen Nord- und Ostseestädten, auch aus binnenländischen Wirtschaftszentren wie Magdeburg, Köln oder Breslau, angehören. Aktien-Gesellschaften sind die internationale Mode der Zeit bei der Realisierung gigantischer öffentlicher Projekte, wobei sich beim Kanalvorhaben schon frühzeitig abzeichnet, dass es ohne erhebliche staatliche Lastentragung – durch Preußen – nicht würde umgesetzt werden können. Dieses resultiert aber nicht nur aus der riesigen Summe, die zur Verfügung gehalten werden musste, sondern auch daraus, dass sich abzeichnet, dass nicht nur wirtschaftliche Erwägungen das Projekt prägen würden, sondern entscheidend auch militärische.

Lentze macht sich weiter energisch an die Arbeit, wobei sein Auftrag eine wesentliche Ergänzung erfährt: Schon im Juli verweist das Kriegs- und Marineministerium darauf, dass bei der Frage, ob eine künftige Flottenstation Preußens in Flensburg, Eckernförde oder Kiel zu etablieren sei, die Streitkräfte eindeutig Kiel präferierten. Es sei deshalb zu überprüfen, wie der Kanal eine geeignete Verbindung nach Kiel erhalten könne. Oder ob er nicht – dieses sei die erste Wahl des Militärs, direkt von Brunsbüttel nach Kiel geführt werden könne. Dieser Vorstellung schließt sich das Kieler „Comittee für den Kanalbau" an, dessen Vorgänger, der Flottenausschuss, schon 1848/49 für diese Lösung plädiert hatte.

Auch der Chef des Generalstabes, Helmuth von Moltke, äußert sich, nicht zum letzten Mal: Er erklärt Kiel durch die Lage seines Hafens und den Schutz durch die schweren Batterien von Friedrichsort zum idealen Standort einer künftigen Flottenstation und damit natürlichen Ausgangs- und Endpunkt des anzulegenden Kanals.

Weitere Schubkraft erfährt das Projekt durch den Beschluss des Staatsministeriums vom 25. Dezember 1864, wonach der Kanal von größter Wichtigkeit für Marine und Handelsschifffahrt sei. Das Ministerium trifft eine Regelung zur Quotelung der Kosten zwischen künftiger Aktiengesellschaft und Staat. Darüber hinaus sollten Realisierung und Verwaltung des Bauwerks durch den Staat zu übernehmen sein, die Aktiengesellschaft hingegen werde Eigentümerin.

Große politische Unterstützung erfährt das Projekt durch seine Würdigung in der Thronrede Wilhelms I. vor dem Landtag am 14. Januar 1865, wo es heißt:

> *„Zur Anlage einer für Handels- und Kriegsschiffe jeder Art nutzbaren Kanalverbindung zwischen der Ost- und Nordsee durch Schleswig und Holstein hat Meine Regierung technische Vorarbeiten ausführen lassen. Bei der Wichtigkeit dieses großartigen Unternehmens für die Interessen des Handels und der preußischen Marine wird Meine Regierung bemüht sein, die Ausführung durch eine angemessene Betheiligung des Staats sicher zu stellen, und Ihnen nach Abschluss der vorbereitenden Verhandlungen darüber nähere Mittheilungen zu machen."*

Am 1. Februar 1865 legt Lentze das nächste Ergebnis seiner Arbeit vor, die *„Denkschrift über den Entwurf zum Bau eines Schiffahrts-Canals zur Verbindung der Ostsee mit der Nordsee von der Eckern-Föhrde nach der Elbe bei St. Margarethen"*. „Sein" Kanal soll für Kriegs- und Handelsschiffe aller Größen, *„die Dampfschiffe nicht ausgeschlossen"*, passierbar sein.

Den grundsätzlichen Vorteil der Kanalfahrt sieht er in der gesicherten Fahrt durch die geschützte Wasserstraße und die demzufolge erheblich geringeren Versicherungssummen wegen der Vermeidung der Gefahren der Passage um Skagen. Wirtschaftlich ist für ihn die Kanalpassage für die Schiffe, die vom englischen Kanal ostseegehend sind und für die, die von den Kohlehäfen an den Tees-, Wear- und Tyne-Mündungen dorthin laufen. Für den Verkehr aus dem englischen Kanal errechnet er eine Wegeersparnis von mehr als 200 Seemeilen, für die England-Ostseefahrer eine solche von über 90 Seemeilen. Ab Höhe Aberdeen erkennt er kaum noch Vorteile für die südgehende Passage durch Nordsee und Kanal. Hinsichtlich der Frequenz geht er von etwa 30.000 hochseetauglichen Schiffen aus; hinzu sollen ca. 4.000 Einheiten kommen, die gegenwärtig den Schleswig-Holsteinischen Kanal nutzten. Er berücksichtigt die sich ankündigenden größeren Schiffsneubauten der Handelsflotten, so dass er auch diesen Fahrzeugen genügende Breiten und Tiefen zur Verfügung stellen kann. Bei den Militärschiffen hat er die größten in absehbarer Zeit vorgesehenen Einheiten der englischen und französischen Kriegsmarine vor Augen, einschließlich der viel Platz beanspruchenden Raddampfer. Er berechnet sorgfältig das notwendige Ausmaß der Begegnungsmöglichkeiten, die Ausweichen, Vorkehrungen zur Vermeidung zu langer Wartezeiten an den Ausgangspunkten des Kanals. Lange gerade Strecken und flache Krümmungen sind weitere Voraussetzungen für eine zukunftsfähige Wasserstraße. An den Ufern soll ein leistungsfähiges System von Dampfloks zum Schleppen der Segelschiffe geschaffen werden, die noch das Gros der gesamten Schifffahrt ausmachen.

Allen Lösungen, die sich für einen Kanalendpunkt an der schleswig-holsteinischen Nordseeküste eingesetzt haben, erteilt er eine Absage: Wegen der verflachten See, der Tiden, der Watten und Sandbänke kann mit ihm hierüber nicht diskutiert werden. Die Unterelbe mit ihrer weiträumigen Flussmündung, in der auch große Schiffe gegen den Wind kreuzen können, und den gesicherten Wasserstandsverhältnissen ist nach seiner Vorstellung idealer Anfangs- und Endpunkt des neuen Weges durch das Land.

Ein besonders heikles Thema ist das System der Schleusen, das etwa in der Hansenschen Planung sechs bis sieben von diesen vorsah und das so den Faktor der schnellen, zeitsparenden Passage neutralisieren würde. Sein Durchstich sieht nur eine Schleuse an der Elbe vor, um den Kanal gegen die Ebbe- und Flutbewegungen abzuschotten. Am anderen Ende der Passage ist freier Zugang zum Meer: *„Der Canal communiziert dann offen mit der Ostsee"*. Ideal ist für ihn deshalb Ein- und Ausgang der Wasserstraße in der Eckernförder Bucht, die darüber hinaus – genau wie die Elbmündung – in der Lage ist, einer größeren Anzahl wartender Schiffe Platz zu bieten. Die Durchschleusungszeit nimmt er mit eineinhalb Stunden an, was realistisch ist und sofort die relative Unbrauchbarkeit eines Kanals nachweist, wenn wegen dessen anderer Streckenführung zahlreiche Schleusen notwendig wären.

Er setzt sich mit sämtlichen verkehrlichen Rahmenbedingungen auseinander; denn der von ihm vorgesehene Verlauf wird eine Eisenbahnlinie, fünf Chausseen und fünfzehn *„gewöhnliche Verbindungswege"* durchschneiden. Gewaltige Herausforderungen, nicht nur gemessen an den Möglichkeiten jener Zeit.

Für den Kanal ist eine Länge von 86,59 Kilometern vorgesehen.

Die Baukosten setzt er mit 24.355.730 Talern an. Hierin sind enthalten der Grunderwerb für die Anlage des Kanals, die Erdarbeiten nebst Befestigung der Kanal-Böschungen, der Kanal-Eingang und Hafen an der Elbe und an der Eckernförder Bucht, die Kosten der Einrichtung des Fährverkehrs über den Kanal, die Installation einer Drehbrücke für den Eisenbahnverkehr bei Rendsburg, zwei Schiffsschleusen zur *„Communication"* mit Unter-Eider und Schleswig-Holsteinischem Kanal sowie Nebenkosten.

Beauftragungsgemäß setzt sich Lentze besonders eingehend mit der Wegführung nach Kiel auseinander. Der planerische Verlauf bleibt bis Steinrade, hinter Rendsburg, derselbe. Während nach der Hauptplanung hier der Kanal das Bett der Eider verlässt und Richtung direkt auf die Eckernförder Bucht nimmt, geht die „Kieler" Lösung weiter in Richtung Osten, wobei als gravierendes technisches Erschwernis vor Kiel ein 22,59 Kilometer breites „Hochland", der „Hornheimer Riegel", zu durchstoßen wäre. Der Kanal würde 13,17 Kilometer länger werden.

Er berechnet die Kosten: Die zu bewegenden Erdmassen wären mehr als doppelt so groß, verglichen mit der Linie nur nach Eckernförde. Der Grunderwerb wäre erheblich umfangreicher. Die in Kiel zu schaffenden Hafenanlagen wären deutlich teurer. Er qualifiziert und quantifiziert die zu tätigenden Mehrarbeiten. Er prognostiziert eine Bauzeitverlängerung um zwei auf acht Jahre. Er macht auf die höhere Zinslast durch die erhöhten Baukosten aufmerksam und kommt zu Mehrkosten für diese „Kieler" Linie in Höhe von 10.887.623 Talern.

Technisch machbar ist diese Lösung ohne weiteres. Lentze zeigt die Konsequenzen auf. Um den Wünschen der Landesverteidigung des weiteren Rechnung zu tragen, entwickelt er drei wesentliche Varianten:

- einen Kanal von St. Margarethen über Rendsburg und Steinrade direkt nach der Kieler Förde mit einer Schleuse an der Elbmündung zu einer Kostenschätzung von 36.850.000 Talern,
- einen Kanal gleicher Trasse mit Schleusen an beiden Mündungen zu 38.878.000 Talern,
- einen Kanal von St. Margarethen nach der Eckernförder Bucht mit Abzweigung nach Kiel und Schleusen für 37.115.000 Taler, wobei jetzt 8.224.000 Taler auf die Bedürfnisse der Marine entfallen.

Zu dieser Zeit stocken die Verhandlungen mit dem Von-der-Heydtschen Komitee, das ausschließlich die ursprünglich gedachte Linie von Brunsbüttel nach Eckernförde cofinanzieren will, nicht jedoch einen Kanal, der noch eine zusätzlich zu schaffende militärische Komponente enthält. Als Kompromiss bietet die Regierung die alleinige Finanzierung des Marine-Stichkanals nach Kiel an. Man braucht mehr Geld. Der Landtag soll es bewilligen. Bismarck verliest am 15. Januar 1866 die Thronrede für den König, in der er die Wichtigkeit des Projekts betont:

> *„Um die Ausführung des Kanals vorzubereithen, welcher die Ostsee mit der Nordsee verbinden soll, beabsichtigt die Staatsregierung durch eine besondere Vorlage die Mitwirkung der Landesvertretung in Anspruch zu nehmen. Die Bedeutung, welche dieses Werk und mit ihm die Entwicklung der vaterländischen Seemacht für die Stellung Preußens und für deren Verwerthung im Gesammtinteresse Deutschlands hat, verleiht der Regierung Sr. Majestät des Königs von neuem die Zuversicht, daß bei Erwägung der betreffenden Vorlagen die Meinungsverschiedenheiten über innere Fragen und die Parteistellungen sich der Pflicht gegen das gemeinsame Vaterland unterordnen, und daß beide Häuser des Landtags der Krone einmüthig und rechtzeitig die Hand bieten werden, um die Lösung der nationalen Aufgaben fördern zu helfen, welche dem preußischen Staate vermöge seiner Beziehungen zu den Elbherzogthümern in verstärktem Maße obliegen."*

Die Sitzungsperiode des Landtages endet, ohne dass es zur Vorlage kommt. Unstimmigkeiten mit dem Komitee über die Höhe der staatlichen Beteiligung sind nicht auszuräumen.

Das ist die Momentaufnahme von Anfang und Frühjahr 1866.

rientirung eines Projects für einen
O-OSTSEE CAN
burger Hafen nach der Lister
Heiert
Aue
Hostrup
Arnaue
geising
Gr
ONDERN
Rohrkarr
Tou
Kl
Groenaue
Süd

Intermezzo

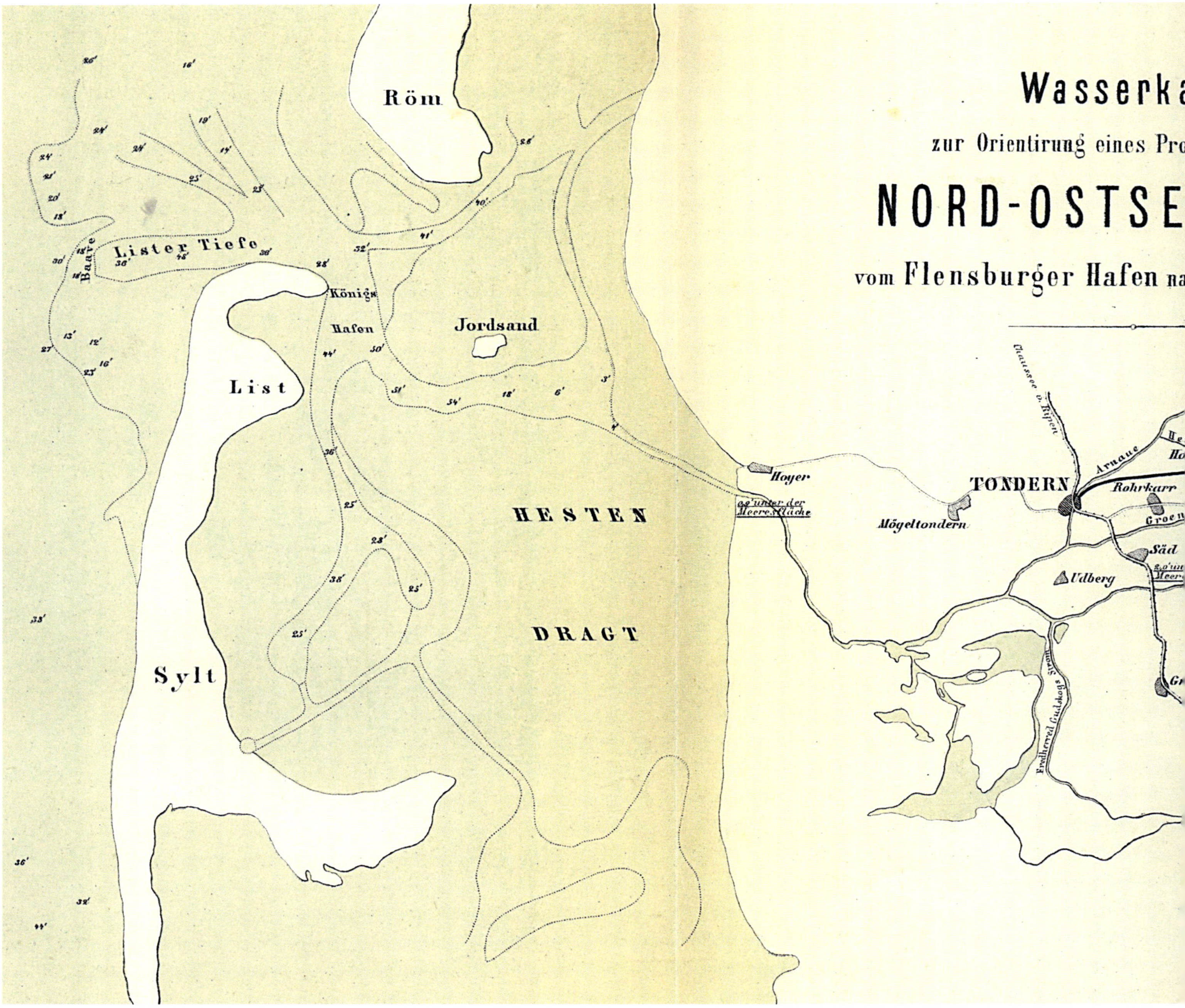

Eine weitere Idee: Verworfen.

Wenn auch auf der großen Bühne der Politik während der kurzen Periode des Norddeutschen Bundes das Stück „Nord-Ostsee-Kanal“ nicht gegeben wird, gibt es dennoch weitere Beschäftigung mit dem Thema, eine Etage darunter. Man könnte sagen, dass das Projekt „am Köcheln gehalten“ wird.

So tritt das Kieler Comittee für den Kanalbau im April 1868 an den Reichstag des Bundes mit der Anregung aus seiner Denkschrift von 1865 heran:

„Der Reichstag möge dem Bundesrath empfehlen, daß eine eingehende Prüfung von sachverständigen Männern über die vorliegenden Projecte zur Herstellung eines Nord-Ostsee-Kanals veranlaßt werde, um eine demnächstige Ausführung des Werks vorzubereiten.“

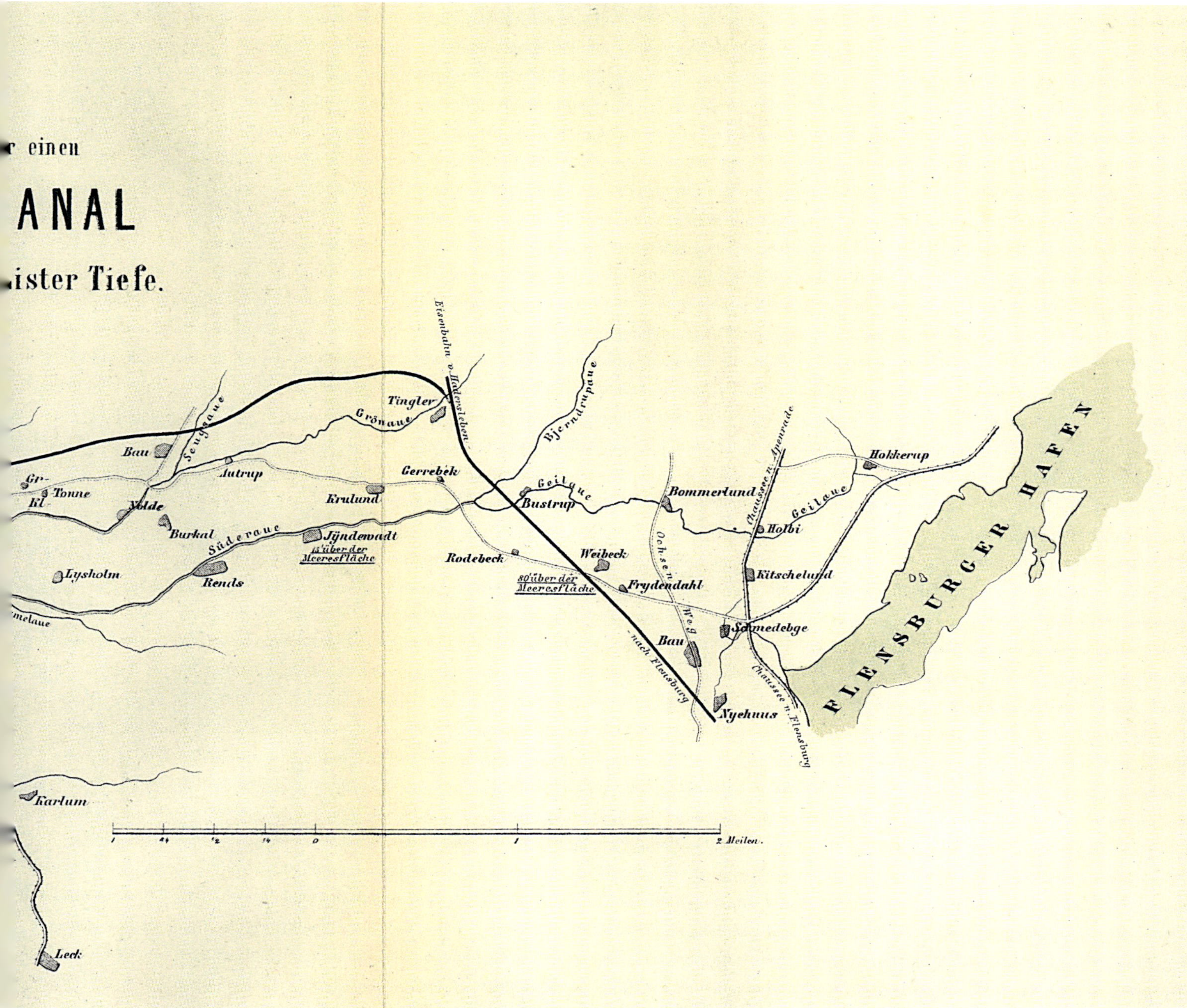

Die Petitionskommission nimmt sich der Sache an und kommt zu dem Ergebnis, dass *„die großen Interessen der Schifffahrt und des Handels, die sich an das Project eines Nord-Ostsee-Kanals knüpften, die präjudizielle Bedeutung, die dasselbe für eine planvolle Entwicklung der Kriegsmarine besitze, und selbst die Erwartungen, die durch das Vorgehen der preußischen Regierung im Jahre 1864 erweckt worden seien"*, eine intensive erneute Prüfung hinsichtlich aller Aspekte, der finanziellen, der technischen, der geographischen erforderten.

Dem Vorschlag der Kommission, die Kieler Initiative Bundeskanzler von Bismarck *„zur Berücksichtigung"* zuzuleiten, folgt der Reichstag am 10. Juni 1868.

Noch im selben Monat vertritt ein Abgeordneter bei der Beratung des Marine-Etats im Plenum wiederum eine Kanal-Idee, von Flens-

DENKSCHRIFT

über den grossen

Norddeutschen Kanal

zwischen

Brunsbüttler Koog an der Elbe und dem Kieler Hafen.

Herausgegeben

von dem Kieler Committee für den Kanalbau.

Mit 9 Blatt Karten und Plänen.

KIEL.
Schwers'sche Buchhandlung.
1865.

Das Kieler Committee bringt sich in Erinnerung.

burg nach Hoyer und dem Lister Tief, der sich bald ein Flensburger Komitee anschließt, die jedoch keine Unterstützung findet. Diese hartnäckigen Petenten wiederholen ihre Vorstellungen im September des Jahres trotz von der Petitionskommission ausgesandter negativer Signale. Im Sommer 1869 lehnt dann der Reichstag dieses Projekt für sich endgültig ab.

Immerhin aber ersucht er den Bundeskanzler, ihm *„eine Mittheilung über die Frage betreffend die Herstellung eines die Ostsee mit der Nordsee verbindenden Marinekanals zu machen"*, wobei nicht ein ausschließlich dem Zweck der Kriegsmarine dienender Kanal gemeint ist, sondern ein der gesamten großen Schifffahrt zu Verfügung stehender.

Im preußischen Abgeordnetenhaus wird im November 1869 das Projekt zur Sprache gebracht, wobei sich der Handelsminister als engagierter Fürsprecher hervortut und sich sogar – unabgestimmt mit seinem „Chef" – soweit vorwagt, dass er dem Haus empfiehlt, für andere Kanalvorhaben im Lande erst dann Mittel zur Verfügung zu stellen, wenn der Nord-Ostsee-Kanal realisiert sei.

Im Frühjahr 1870 erkundigt sich ein kanalkritischer Abgeordneter nach dem Stand der Dinge mit dem Hintergrund, dass er wissen wolle, ob der Kanal nun kommen solle, oder aber das Projekt zu begraben sei. Laut Leiter des Bundeskanzleramtes Delbrück, einem erklärten Kanalgegner, überstiegen die Kosten für den Kanal bei weitem die Mittel, die Preußen aufbringen könne. Die Regierung verfüge daher über keine aktuelle Handlungsmöglichkeit.

Der Kanal, endgültig erledigt? Keineswegs. Doch für den Augenblick. Erst einmal wird jetzt das Deutsche Reich gegründet.

Otto von Bismarck

Seiner Energie widersteht niemand.

Bei diesem Stande soll die chronologische Erzählung unterbrochen werden und noch einmal – vertieft – das Wirken des Mannes betrachtet werden, der letztendlich den Kanal durchsetzt: Otto von Bismarck.

Wie berichtet, tritt schon im ersten Monat des Deutsch-Dänischen Krieges, im Februar 1864, der preußische Handelsminister Graf Itzenplitz an den Ministerpräsidenten heran, um ihn für den Gedanken eines Nord- und Ostsee verbindenden Kanals für die große Schifffahrt zu gewinnen. Parallel dazu hatte Kronprinz Friedrich in einer Denkschrift vom 26. Februar 1864 unter anderem als Kriegsziel den Bau eines Kanals zwischen den beiden Meeren formuliert, wie im Übrigen des Weiteren auch die Anlage einer Marinestation in Kiel.

Bismarcks erste interne amtliche Befassung mit dem Projekt findet sich in einem Erlass an den preußischen Botschafter, Graf von der Goltz, in Paris, datiert auf den 31. März 1864. Er wird angewiesen, die Auffassung des Kaisers der Franzosen, Napoleons III., zur Anlage eines solchen Kanals einzuholen:

> *„Bekanntlich ist schon zu wiederholten Malen die Anlegung eines, auch für große und tiefgehende Schiffe zugänglichen Kanals zur Verbindung der Nord- und Ostsee in Frage gekommen. Die Wichtigkeit eines solchen Kanals für die internationalen Verkehrsverhältnisse springt in die Augen. Ist die Bedeutung auch nicht vollkommen gleich mit der des Suezkanals zu stellen, so treffen doch beide Verbindungen in mannigfachen Analogien zusammen. … es versteht sich von selbst, daß durch die Anlegung jenes Kanals den staatsrechtlichen Beziehungen der Länder, welche der Kanal durchschneiden wird, in keiner Weise vorgegriffen werden soll. Ich darf mich überzeugt halten, daß S. M. der Kaiser der Franzosen in seiner großartigen und hochherzigen Auffassung der internationalen Verkehrsverhältnisse und der Herstellung jener Verbindung der Nord- und Ostsee ein lebendiges Interesse zuwenden werde."*

Am 5. April berichtet der Botschafter nach Berlin, dem Kaiser habe der Appell sichtlich geschmeichelt; sachlich sei die Frage gestellt worden, ob der Kanal die künftige Grenze zwischen Deutschland und Dänemark abgeben solle!

Kronprinz Friedrich III.: Aktiv in der Diskussion.

Zunächst wird die französische Seite nur dahingehend informiert, dass zwei Projekte diskutiert würden, das eine von Eckernförde über Rendsburg nach Brunsbüttel, das andere von Neustadt direkt nach Brunsbüttel.

Eine weitere französische Reaktion auf Preußens sozusagen international ersten „eingeschlagenen Nagel" erfolgt nicht. Selbstverständlich dürfte der Diplomatie in Paris trotz der Betonung des friedlichen Charakters der neuen Wasserstraße deren militärische Qualität nicht entgangen sein.

Gleich danach setzt Bismarck seine diplomatische Initiative in Richtung St. Petersburg fort, dem anderen möglichen Konfliktgegner Preußens. Mit Erlass vom 8. April wird der Botschafter in St. Petersburg, Graf von Redern, angewiesen, das Interesse des russischen Kabinetts an der Anlegung des Kanals zu eruieren. Von Interesse kann dort nicht die Rede sein. Ministerpräsident Fürst Gortschakow reagiert kühl ablehnend, die Sache entbehre der aktuellen Bedeutung, zudem habe Russland noch *„höhere Interessen"*. Schon am 20. April wird der Geschäftsträger von Pirch aufgefordert, nachzuhaken. Doch nicht nur auf die Regierung müsse eingewirkt werden; sehr diskret solle auch in der russischen Wirtschaft für die Bedeutung des Kanals geworben werden, natürlich ohne auch nur den Schein zu erwecken, die Gespräche seien als Hinweise darauf zu verstehen, dass die russische Regierung die nationalen Interessen vernachlässige. Bismarck:

> *„Der Bericht des Herrn Grafen von Redern Nr. 32 vom 13. d. M., in welchem er die Äußerungen des Fürsten Gortschakow in betreff des Kanals zur Verbindung der Ost- und Nordsee wiedergibt, hat mich einigermaßen überrascht, und ich kann nicht umhin, mein Bedauern über diese Auffassung des Fürsten auszusprechen. Zu gleicher Zeit darf ich aber die Hoffnung aussprechen, daß dieser ausgezeichnete Staatsmann an dieser Auffassung nicht festhalten werde, sobald er nur der Sache eine nähere Aufmerksamkeit schenken will. … Die Verbindung, in welche eine solche Wasserstraße Rußland direkt mit Hamburg und den andern Nordseehäfen bringt, wird gewiß von einer Regierung gewürdigt werden, welche in so*

Ihm wird geschmeichelt: Napoleon III.

ausgezeichneter Weise für die innere Entwicklung des Landes sorgt. …
Vertrauliche Nachschrift.
… Ebenso wird es von bedeutendem Einfluß sein, wenn die Aufmerksamkeit des dortigen Handelsstandes auf diesen Punkt gelenkt wird und von da aus eine Anregung der Sache bei der Regierung ausgeht. Es würde mir daher erwünscht sein, wenn Ew. pp. die Möglichkeit fänden, in kaufmännischen Kreisen unter der Hand darauf hinzuwirken, wobei natürlich alles vermieden werden muß, was auch nur den Schein haben könnte, als sollte der Regierung oder Fürst Gortschakow der Vorwurf einer Vernachlässigung dieser Interessen gemacht werden."

In seinem Schreiben an den Botschafter in London, Graf Bernstorff, vom 21. April weist Bismarck darauf hin, er habe sowohl mit dem österreichischen Botschafter in Berlin, Graf Karolyi, als auch mit dem Bevollmächtigten bei der Londoner Konferenz, von Biegeleben, Einigkeit darüber gewonnen, dass im Fortgang der Entwicklung in den Herzogtümern Preußen darauf bestehen könne, eine Flottenstation an der Ostsee einzurichten, wie auch einen Schifffahrtskanal von der Nord- in die Ostsee für die große Schifffahrt.

Kühles Desinteresse: Fürst Gortschakow.

Es ist Bismarck, der mit scheinbar offenen Karten spielt, wichtig, den künftigen großen Mitspieler England über seine wirtschaftspolitischen (!) Absichten nicht im Unklaren zu lassen, geht er doch mit Recht davon aus, dass er bei jeder künftigen Friedensregelung die Unterstützung Londons braucht. Einfluss einräumen auf seine Planungen will er fremden Mächten zu keinem Zeitpunkt, nur aber eben auch keine Widerstände provozieren und Wohlwollen erzeugen.

Im Laufe des Jahres 1864, nach dem vorläufigen Waffenstillstand am 18. Juli, äußert er sich noch einmal intern zum Kanal und zwar zu dem, was man heute als public-private-partnership bezeichnet, der gemeinschaftlichen Aufgabenerledigung bei öffentlichen Vorhaben durch Staat und private Investoren: Er warnt davor, dass eine Aktiengesellschaft für den Nord-Ostsee-Kanal ausländisches Geld miteinbinden könnte. Preußen habe Sorge dafür zu tragen, das Kanalprojekt nach Möglichkeit in Eigenregie durchzuführen, um den Kanal nach den Erfordernissen seiner Kriegsmarine gestalten zu können. Das Wehrmotiv schiebt sich in den Vordergrund: Der Kanal könne die Schlagkraft der preußischen Marine verdoppeln, da der Feind nicht wisse, wohin die Nord- und Ostseeflotte geworfen würde, und er so in beiden Meeren eine der preußischen Gesamtflotte gewachsene Streitmacht unterhalten müsse. Es kann davon ausgegangen werden, dass er sowohl Frankreich als auch Russland eine solche, enorme Mittel erfordernde Hochrüstung nicht zutraute, und dass so der Kanal das geeignete Mittel sein würde, diese beiden maritimen Mächte in Schach zu halten.

Bismarck vertieft den Gedanken der möglicherweise vollständig eigenen finanziellen Bewältigung der Aufgabe durch den Staat am 20. Januar 1865:

Abschied vom Gesamtstaat: Christian IX. vor Würdenträgern in Kolding.

„Uebrigens kann ich nicht unbemerkt lassen, daß nach meiner Ueberzeugung die preußische Regierung unter allen Umständen dahin streben muß, den projektierten Kanal, dessen große Wichtigkeit für unsere Marine und unsere Handelsschiffahrt von keiner Seite verkannt wird, zur Ausführung zu bringen, selbst wenn dies ausschließlich als Staatsunternehmen und ohne alle Privatbetheiligung geschehen müßte."

Am 30. Oktober 1864 endet der Krieg formal mit dem Frieden von Wien, in dem Dänemark auf alle Rechte an den Herzogtümern verzichtet. Die beiden Siegermächte vereinbaren, die Souveränität über ihre Kriegsbeute gemeinschaftlich auszuüben; eine konfliktreiche Allianz. Die Positionen sind schnell klar: Bismarck will eine neue Provinz, davon überzeugt er bald auch seinen widerstrebenden König, Österreich möchte ein unabhängiges Herzogtum Schleswig-Holstein unter dem Hause Augustenburg schaffen, das als Mitglied des Deutschen Bundes die antipreußischen Kräfte in Deutschland stärken würde. Scheinloyal gegenüber dem Verbündeten in Wien führt Bismarck Verhandlungen mit dem Augustenburger Prätendenten Friedrich VIII., stellt Bedingungen für die Unterstützung von dessen Ansprüchen. Diese sind durch die mit ihnen einhergehende Aushöhlung der Souveränität des künftigen Staates für diesen unannehmbar, zumal ein so in seinen originären Rechten beschnittener Staat auch gar nicht Mitglied im Deutschen Bund werden könnte. Zu den Bedingungen, nach dem Datum ihrer Präsentation, dem 22. Februar 1865, Februarbedingungen genannt, gehört auch die *„Souveränität über einen zu bauenden Nord-Ostsee-Kanal"*.

Gemeinsame Herrschaft der beiden Mächte und gemeinschaftliche Ausübung der Verwaltung funktionieren nicht; die Auseinandersetzung über die Zukunft vergiftet das Klima. Das Verhältnis ist unheilbar zerrüttet. Im Vertrag von Gastein vom 15. August 1865 wird ein letzter Versuch unternommen: Man trennt die Verwaltung: Österreich wird für Holstein zuständig, Preußen für Schleswig. Auch Inhalt des Vertrages ist, dass Preußen berechtigt ist, einen Nord-Ostsee-Kanal auf holsteinischem Gebiet

„Herzog Ohneland“: Friedrich von Augustenburg.

1865: Preußen setzt sich mit seiner Marine in Kiel fest.

anzulegen, mit der souveränen Verfügung über dieses Bauwerk.

Für erheblichen Unmut beim Verbündeten hat zuvor die Entscheidung Preußens gesorgt, zum 25. März 1865 die Marinestation der Ostsee von Danzig nach Kiel zu verlegen, obwohl doch Bismarck – angeblich unwidersprochen – im Jahr zuvor Karolyi über die Absicht der Einrichtung einer deutschen Flottenstation an der Ostseeküste informiert hatte. Damit konnte nach dem zwischen den Mächten zu Vereinbarenden nur die schleswig-holsteinische Küste gemeint sein. Wien protestiert matt. Hierauf antwortet Preußen sehr kaltschnäuzig, dass jede der Vertragsparteien das Recht habe, in jeder ihr geeignet erscheinenden Bucht in den Herzogtümern ein Marineetablissement einzurichten, Österreich möge bei Bedarf doch so verfahren. Angesichts des klar auf die Adria bezogenen Auftra-

ges der österreichischen Kriegsmarine ein Affront.

Der Text der Königlichen Ordre vom 24. März 1865 lautet:

> *„1. Die Marine-Station der Ostsee ist von Danzig nach Kiel zu verlegen. 2. Demzufolge sind die Flotten-Stamm-Division, die Werft-Division, die Allgemeine Oekonomie-Commission und das See-Bataillon unter Zurücklassung des Bedarfs für den Werft- und Wachdienst von Danzig nach Friedrichsort eventl: nach Kiel zu dislocieren."*

Auf den Protest Wiens hin lässt Bismarck antworten, die Unterbringung des Ostseegeschwaders in Kiel sei durch lokale Gründe bedingt und sei keine Besitzergreifung *„weder des Hafens noch eines Territoriums"*. Sie sei vielmehr eine *„durch die Beschaffenheit unserer Häfen gebotene Maßregel der Zweckmäßigkeit, über deren rechtliche Zulässigkeit unter den gegenwärtigen Verhältnissen für jeden der beiden Compossessoren wir keine Zweifel hegen"*. Angesichts der getätigten infrastrukturellen Maßnahmen, wie dem Ausbau der großen Festung Friedrichsort, dem Bau der Seesoldatenkaserne und des Marinelazaretts eine Aussage von schon erheblichem Zynismus.

Man schafft Tatsachen.

Vorausgegangen ist dem Akt der Verlegung die fachliche Vorbereitung durch das *„Votum des Kriegs- und Marine-Ministers, betreffend die Anlage eines Marine-Etablissements im Kieler Hafen"*, in dem es heißt, dass Preußen einer gesicherten Aus- und Abrüstungs-Station mit Einrichtungen zur Reparatur der Kriegsschiffe in einem der schleswig-holsteinischen Häfen bedürfe. Kiel wird als kostengünstigste Lösung ermittelt, wobei allerdings in der gegebenen politischen Situation ein anderer Gesichtspunkt noch im Vordergrund steht: *„Mit der Herstellung eines solchen Marine-Etablissements in der Kieler Bucht muß sogleich vorgegangen werden, weil der den Herzog-*

thümern zu gewährende Schutz eine Beschleunigung des Baues einiger Panzer-Fregatten als Kern der eigentlichen Schlacht-Flotte erforderlich macht". In diesem Zusammenhang schreibt der Marinekommandeur in Kiel, der Konteradmiral von Jachmann, über das – gleichsam – Komplementärprojekt zum Flottenaufbau, den Nord-Ostsee-Kanal:

> *„Der projektierte Canal ist von großem und ich möchte sagen hauptsächlichem Interesse für die Flotte, eine geeignete Einwirkung auf denselben darf die Marine sich nicht entgehen lassen."*

Später sieht die Marine das ganz anders.

Bei diesem Stande der Angelegenheit schließt Bismarck dann mit Österreich den Vertrag von Gastein mit der Festschreibung des Rechts zur Anlegung des Kanals. Im Übrigen zeigt der Ministerpräsident Preußens noch eine gewisse Bundestreue, indem er mit Österreich vereinbart:

> *„Die Vertragschließenden werden beim Bund den Antrag auf Herstellung einer Deutschen Flotte mit dem Kieler Hafen als Bundeshafen stellen; bis dahin übt Preußen dort das Kommando und die Polizeigewalt aus."*

Der Schein wird gewahrt; in seinem Kopf und in den Planungsbüros der Stäbe und Ministerien ist Preußen längst auf einem ganz anderen, s e i n e m Weg zu Hafen und Kanal.

Das Projekt beschäftigt Bismarck so sehr, dass er sich sogar persönlich in die Diskussion über die zweckmäßige Lage des Kanals einbringt. Am 15. September 1865 richtet er deshalb an den Kriegsminister von Roon und Handelsminister Itzenplitz ein Schreiben, das ins Detail geht:

> *„Aus Ew. Excellenz Schreiben vom 6. d. M. in Betreff des Nord-Ostsee-Kanals habe ich mit Interesse ersehen, daß es die Absicht ist, neue Vermessungen und Peilungen vornehmen zu lassen, um bestimmtere Anhaltspunkte für die dem Kanal zu gebende Richtung zu gewinnen. Mit Rücksicht hierauf werde ich der Beschreibung der nautischen Gesellschaft in Stettin auf ihre wiederholten Vorstellungen wegen des Baues des Kanals von Eckernförde nach Husum einstweilen noch Anstand geben und zunächst Ew. Excellenzen Mittheilung über das Ergebnis der eingeleiteten anderweitigen Prüfung erwarten. Ich behalte mir bis dahin meine nähere Aeußerung vor, und glaube für jetzt nur bemerken zu dürfen, daß ich gegen ein Projekt sein würde, bei welchem, unter Annahme der östlichen Mündung in Kiel die Anlage von Binnenschleusen beabsichtigt werden möchte. Auch rechne ich darauf, daß zur Vorbereitung der Beschlußnahme über die Ausführbarkeit der Benutzung der Hevermündungen für die westliche Ausmündung des Kanals, bei den beabsichtigten Vermessungen und Peilungen durch Schiffe der Königlichen Marine mit sorgsamer Beachtung aller in Betracht zu ziehenden und namentlich auch der von der nautischen Gesellschaft hervorgehobenen Punkte verfahren werden wird, um die Bildung eines sicheren Urtheils darüber zu ermöglichen."*

Die Minister stimmen mit den Vorstellungen des Ministerpräsidenten überein, der daraufhin darum bittet, eine Beschlussvorlage für den Landtag zu fertigen, in der auch um die Bewilligung eines Kredits in Höhe von 12 Millionen Talern ersucht wird.

Dass es in Folge des Endes der Wahlperiode des Preußischen Landtages am 23. Februar 1866 nicht zur abschließenden Befassung über die Mittelvergabe für das Kanalprojekt kommt, beunruhigt Bismarck politisch erheblich, und zwar im Hinblick auf die mit Österreich getroffenen Vereinbarungen im Gasteiner Vertrag. Im Schreiben an Finanzminister von Bodelschwingh vom 3. Februar 1866 wird er dringlich und verweist wegen der Eilbedürftigkeit der Sache noch einmal auf Folgendes:

„Es ist mir von Wichtigkeit, durch einen solchen entschiedenen Schritt in den Herzogthümern selbst und in Oesterreich den Eindruck der Gewißheit zu geben, daß Preußen die in den Gasteiner Konventionen in Betreff dieses Kanals erlangten Berechtigungen auch wirklich zur Geltung bringen und verwerthen werde. Das Unternehmen selbst ist ein den Herzogthümern, namentlich dem Herzogthum Holstein erwünschtes, und jeder Schritt zur Verwirklichung desselben kann nur populär sein; die Stellung, die wir durch unsere Rechte in Betreff des Kanals einnehmen, giebt uns eine sehr bestimmte Macht in dem letzteren Herzogthum; und wenn auch vorauszusetzen ist, daß vor der noch Jahre erfordernden Vollendung des Kanals die ganze Frage der Herzogthümer definitiv entschieden sein werde, so wird doch schon von dem Augenblicke an, wo wir die Frage thatsächlich in Angriff nehmen, unsere Stellung in Holstein nach Maßgabe der Gasteiner Abreden eine solche, die uns sofort eine Menge einflußreicher Stützpunkte im Herzogthum darbietet."

Da er seine Feinde im Abgeordnetenhaus kennt, spricht er offen die Möglichkeit des Scheiterns an; entweder, weil das Parlament aus *„prinzipieller Opposition"* gegen ihn oder *„unter leicht durchschaubaren Vorwänden"*, etwa die Sache sei noch nicht reif oder Preußens Position noch nicht gesichert genug, den Beschluss verweigere.

Die Beratungen in der Regierung gehen weiter, auf der Grundlage des Lentzeschen Entwurfs, zu angenommenen Baukosten von 29 Millionen Talern, deren überwiegender Teil, 17 Millionen, immer noch durch eine Aktiengesellschaft aufgebracht werden soll.

Gleichfalls mit Schreiben vom 3. Februar 1866 weist Bismarck gegenüber dem Von-der-Heydt-Komitee für den Nord-Ostsee-Kanal darauf hin, dass

„die Regierung die Bestimmungen der Gasteiner Konvention vom 14. August v. J. in Betreff des Nord-Ostsee-Kanals unter allen Umständen aufrecht erhalten und auf der Basis derselben, den für das Unternehmen resp. die zu bildende Aktiengesellschaft erforderlichen Schutz ausüben wird. (...) In diesen vertragsmäßigen Bestimmungen dürften auch für die Zukunft und welches immer die staatsrechtliche Stellung der Herzogthümer sein möge, diejenigen Garantien zu Genüge enthalten sein, deren die Gesellschaft zur Sicherung ihrer Interessen bedarf".

Schwierigkeiten türmen sich auf, nachdem das Komitee weitere finanzielle Forderungen und solche nach der Absicherung seines Engagements stellt. Es beginnt zu überziehen. Bismarck stellt gegenüber dem Handelsminister klar,

„daß ich – (...) - dennoch an der ernsten und energischen Verfolgung der Sache festhalten zu müssen glaube. (...) Ich bin der Ansicht, daß wir (...) auch nicht den Anschein dürfen aufkommen lassen, als wollten wir die Ausübung des im Vertrage von Gastein gewonnenen Rechtes aufgeben".

Doch auch er erkennt, dass angesichts der grundstürzenden Ereignisse des Jahres 1866, die sich anzukündigen beginnen und die zum Deutschen Krieg, zur Entmachtung Österreichs und der Gründung des Norddeutschen Bundes führen werden, die Zeit für eine direkte Inangriffnahme nicht günstig ist. Das hört man deutlich heraus, wenn er, im März 1866, an Itzenplitz schreibt, dass doch *„die Abklärung der jetzigen politischen Situation zu erwarten sein wird, um der Ausführung unmittelbar wieder näher zu treten"*. Die eintretende Pause allerdings soll genutzt werden, die Hansestädte, Hannover, Mecklenburg und Oldenburg für das Vorhaben zu gewinnen; auch bei der niederländischen Regierung will er vorstellig werden. Er ersucht den Minister, für ihn eine entsprechende Denkschrift zu verfassen.

Den weiteren Verlauf des Jahres 1866 bestimmen jene anderen großen Probleme. Da ist für den Kanal kein Raum mehr. Aber der ist keineswegs ad acta gelegt; er ruht und sieht sozusagen seiner Wiedervorlage entgegen. Die erfolgt, als der Deutsch-Französische Krieg für Deutschland siegreich beendet ist und das neue Reich aus ihm hervorgegangen.

Nach den Jahren der Konsolidierung des Kaiserreichs erwacht Otto von Bismarcks Tatendrang neu: Jetzt soll es gelingen, jetzt m u s s es gelingen. Für ihn wird der Kanal zum Prestigeobjekt des Kaiserreichs, zum Nationalsymbol. Und da k a n n er nicht zurückstecken.

Mit dem unbedingten Einsatz des Reichskanzlers ist endgültig der Weg frei, der dann letzten Endes zum Erfolg der Kanalunternehmung führen wird.

Große Inszenierung
2. Akt

Ob britisch oder deutsch, immer bevorzugt: Wilhelm II. als Admiral.

Brunsbüttel:
Dort steigt der Kaiser auf die ‚*Hohenzollern*' um. Unter Beifall und Jubel der Menschenmenge erscheint er auf der Brücke des Schiffs; er hat jetzt große Admiralsuniform angelegt. Das Flair wird zunehmend maritim. Jetzt ist er in seinem anderen Element.

Aus dem Protokoll:

„Donnerstag, 20. Juni, 4 Uhr Morgens:
Seine Majestät der Kaiser durchfahren auf der ‚Hohenzollern' die Brunsbütteler Schleuse. Nach Austritt aus dem Binnenhafen durchschneidet die ‚Hohenzollern' eine über den Kanal gespannte Schnur. Weitere Ceremonien finden nicht statt.
5 Uhr Morgens:
S.M. Yacht ‚Hohenzollern' nimmt die Fahrt durch den Kanal auf. Die übrigen Schiffe schließen sich … an."

Nun ist er auf dem Weg nach Kiel, wo sein Großvater Wilhelm I. fast auf den Tag vor acht Jahren die festliche Grundsteinlegung für das große Werk vorgenommen hat.

Imposante Passagierdampfer der Hamburg-Amerika-Linie und des Norddeutschen Lloyd folgen der Kaiseryacht. Staatsyachten und Avisos, kleine, schnelle, leicht gepanzerte und bewaffnete Kriegsschiffe aus Deutschland, Großbritannien, Italien, Österreich, Spanien, Schweden und Norwegen, den Vereinigten Staaten, Dänemark, den Niederlanden und der Türkei schließen sich an.

Die Menschen an den Ufern brechen immer wieder in Jubel aus, der sehr auch den ausländischen Einheiten gilt.

Aus dem Protokoll:

„12 ½ Uhr Nachmittags:
Ankunft der ‚Hohenzollern' bei Holtenau. Empfang durch die Ehrenwache des 1. Seebataillons und die Ehrenkompanien des 1. Garde-Regiments zu Fuß und des Füsilier-Regiments Königin Nr. 86."

Die Dominanz des Militärischen wird jetzt unübersehbar, und so soll es auch sein.

Der Tag vergeht mit der Familientafel für die mitreisenden Fürstlichkeiten, dem großen Ball in der Marine-Akademie und endet mit einem opulenten Feuerwerk über dem Kieler Hafen.

Schon in Hamburg wird dem Kaiser im Übermaß gehuldigt, und es dreht sich alles um ihn. Dennoch aber ist er dort in der alten Hansestadt eingebunden in das großbürgerliche Protokoll eines überaus traditionsbewussten Senats. Nicht etwa, dass die Majestät die „Zweite Geige" spielte, das überhaupt nicht, aber die Orchestrierung ist auch ihm vorgegeben: Er ist „nur" Gast.

In Kiel dann ist alles anders: Hier ist er der souveräne Gastgeber. Was geschieht, bestimmt er, bis ins letzte. Er allein setzt die Akzente. Hier ist er ganz der kraftstrotzende Repräsentant des großen, der Zukunft zugewandten, militärisch überaus ernst zu nehmenden Deutschen Reiches, das im Konzert der Mächte seine Position unübersehbar formuliert. Hier kann er seine Leib-Rolle als der omnipotente Monarch schlechthin ausleben. Der Nord-Ostsee-Kanal, der die größte Unternehmung des Kaiserreichs überhaupt ist und bleiben soll, ist ihm hierfür glänzende Kulisse. Deutschland an der Spitze des technischen Fortschritts, eine Wasserstraße, die dem „Suez" ebenbürtig ist. „Sein" Kanal soll das Staunen der Welt sein.

21. Juni:
Und da er in Kiel zu bestimmen hat, wird die Veranstaltung zur Schlusssteinlegung ein ganz großes, insbesondere aber auch ein Marinespektakel.

Aus dem Protokoll:

> *„Freitag, 21. Juni, 11 Uhr Vormittags:.*
> *Festakt zur Eröffnung des Nord-Ostsee-Kanals und Schlußsteinlegung auf dem Festplatz am nördlichen Kanalufer nach der beiliegenden besonderen Ordnung. Anzug: Gala mit dunklen Unterkleidern bezw. Frack mit weißer Krawatte, für die Herren vom Militär: Paradeanzug.*
> *Rückkehr Seiner Majestät des Kaisers gegen 12 Uhr."*

Das Bild auf dem Festplatz könnte opulenter und voluminöser nicht sein. Eine riesige Kulisse für den in der Gala der Gardes du Corps auftretenden Fürsten. Weit mehr als dreitausend Menschen haben auf der Tribüne Platz genommen, ziviles Publikum und untere Chargen des Militärs. Abgesehen von den „Damen" in ihren wickenbunten Festkleidern, ist um Wilhelm herum eine rein militärische Kulisse aufgebaut. Das Lieblingsbühnenbild der Majestät. Der Hochadel und das hohe Militär in großem Wichs, die Garde mit ihren Spitzhelmen ist unters Gewehr getreten und präsentiert. Mit dabei der Kronprinz, der dreizehnjährige Lautnant Wilhelm von Preußen. Machtdemonstration. Der einzige Zivilist am „Altar" der Schlusssteinlegung hat Hab-Acht-Stellung angenommen, wie auch die Handwerker, die dem Kaiser beim Ritual zur Hand gehen, sich darum bemühen.

S. M. Y. „Hohenzollern" in der Brunsbütteler Schleuse.

Seine Majestät ganz oben auf: Die „Hohenzollern" in Holtenau.

Wappen, Fahnen, Girlanden. Ein Schmuck wie zum mittelalterlichen Ritterfest. Auch dieses von Wilhelm gewünschte Symbole der Kontinuität seines Kaisertums, „Imperator Rex", wie er unterzeichnet.

Der Text der Urkunde, die in den Schlussstein gelegt wird, und die Reichskanzler Fürst Hohenlohe verliest, betont einerseits noch einmal die friedliche Aufgabe des neuen Bauwerks:

> *„Wir Wilhelm, von Gottes Gnaden deutscher Kaiser, König von Preußen etc. thun kund und fügen hiermit zu wissen: Das Werk, zu welchem Unseres in Gott ruhenden Herrn Großvaters Wilhelm's I. Majestät am 3. Juni des Jahres 1887 im Namen des Reichs den Grundstein gelegt hat - die unmittelbare Verbindung der deutschen Meere - steht vollendet vor unseren Augen. Ein beredtes Zeugnis deutscher Thatkraft und vaterländischen Fleißes, ist es entstanden, begleitet von der hoffnungsfreudigen Theilnahme aller Glieder des Reiches, unter dem sichtbaren Schutze des Himmels, dessen Gunst während des Baues vom Vaterlande jede Störung des Friedens ferngehalten hat. Und wenn Wir heute mit hoher Befriedigung die Erwartungen der Erfüllung näher geführt sehen, welche das Reich an die Herstellung einer für die Zwecke der Kriegs- und Handelsflotte ausreichenden Wasserstraße zwischen Nord- und Ostsee geknüpft hat, so gereicht es Uns zu besonderer Freude, daß Wir, umgeben von dem erlauchten Kreise Unserer hohen Verbündeten, der Vertreter des Volkes und unter der dankenswerthen Betheiligung der Abgesandten befreundeter Mächte, deren Geschwader Wir in Unserem ersten, ihnen gastlich geöffneten Kriegshafen willkommen heißen, diese Straße dem Verkehr übergeben können, wie Wir es als die vornehmste, von den Vätern überkommene Pflicht Unseres kaiserlichen Amtes betrachten, durch Erhaltung des Friedens die Errungenschaften der deutschen Stämme auf dem Gebiete der*

nationalen Wohlfahrt, Freiheit und Gesittung in ihrer weiteren Entwicklung sicher zu stellen, so halten wir fest an dem Bestreben, der vaterländischen Arbeit im heißen Wettbewerb freie Bahn zu schaffen und sie zu schützen vor den Gefahren ihres Berufes. Aber nicht nur dem Vaterlande und seinem Handel, seiner Schiffahrt und seiner Wehrkraft soll der Kanal förderlich sein. Indem Wir ihn in den Dienst des Weltverkehrs stellen, eröffnen wir neidlos allen seefahrttreibenden Völkern die Theilnahme an den Vortheilen, welche seine Benutzung gewährt. Möge er, ein Friedenswerk, allezeit nur dem Wettkampfe der Nationen um die Güter des Friedens dienstbar sein! Indem Wir befehlen, daß der Kanal für die Schiffahrt aller Völker geöffnet werde, wollen Wir zugleich, daß an der Stelle, an welcher derselbe in Unseren Kriegshafen mündet, ein Denkmal errichtet werde, welches der Nachwelt Kunde giebt von der durch Uns in Gegenwart Unserer hohen Verbün-

Kiel leuchtet auf.

„Er" trifft ein.

„Habt acht!“

deten vollzogenen denkwürdigen Eröffnung der neuen Verkehrsstraße. Mit diesem Denkmal wünschen Wir zugleich einen Theil des Dankes abzutragen, den das deutsche Volk dem großen Kaiser schuldet, welcher vor nunmehr 25 Jahren die deutschen Stämme zu einem ewigen Bunde geeint und in weiser Voraussicht das jetzt vollendete Werk begonnen hat. …
Gegeben Holtenau, den 21. Juni 1895.
(gez.) Wilhelm II.“

Es erstaunt aber andererseits nicht, dass er jetzt, in „seinem“ Hauptkriegshafen, die militärische Funktion des Kanals an die erste Stelle rückt, dezent, aber unüberhörbar.

Ohne den militärischen Akzent kommt der bayerische Bundesratsbevollmächtigte – der Kanal ist Reichssache – aus, als er dem Kaiser die Kelle überreicht, mit der dieser den Mörtel zum Einfügen des Schlusssteins auftragen wird. Er will ersichtlich nicht dem preußisch- deutschen Militarismus seine Reverenz erweisen:

„Der nunmehr vollendete Nord-Ostsee-Kanal, eine der großartigsten Schöpfungen der Technik des Jahrhunderts, verbindet in segenbringender Weise die beide Küsten des Deutschen Reiches umspülenden Meere und rückt die Staaten des Ostens und Westens näher aneinander. Was aber die Völker näher bringt, was ihre Wohlfahrt fördert und ihre gemeinsamen Interessen vermehrt, dient auch der Verbürgung und Festigung des Weltfriedens. …“

Auch der Präsident des Reichstages stimmt in den Chor ein. Dass er die Stärkung der Wehrkraft an die erste Stelle rückt, verwundert nicht, ist doch in den Debatten in seinem Hause die Bedeutung des Kanals in militärischer Sicht hoch umstritten gewesen und letztlich auch geblieben. Mit seiner Anmerkung zur Stärkung der Wehrkraft des Deutschen Reichs durch Anlage des Kanals legt der Präsident an dieser Stelle ein Bekenntnis zur vaterländischen Zuverlässigkeit der Volksvertretung ab, der der Kaiser bekanntlich nicht über den Weg traut:

> *„Eure kaiserliche und königliche Majestät wollen heute geruhen, ein Unternehmen abzuschließen, wie es auf vaterländischem Boden an Großartigkeit der Leistungen der Technik und der Industrie noch nicht hergestellt ist. Nach 8 Jahren, mit Gottes Hilfe ohne Störung der aufgewendeten Arbeit, sehen wir ein Bauwerk vollendet, welches deutsche Herzen und deutscher Geist seit langem sehnsüchtig erstrebt und geplant haben, welches zunächst bestimmt ist, die nationale Wehrkraft zu stärken und den deutschen Handel und Verkehr zu fördern. So dürfen wir uns der Hoffnung hingeben, daß das gelungene Werk dauernd auch seinen weiteren Zweck im reichsten Maße erfüllen werde, den Zweck, dem internationalen Verkehr einen nutzbringenden Weg zu erschließen. …“*

Danach tauft der Souverän den Kanal überraschend auf den Namen seines Großvaters:

> *„Zum Gedächtnis Kaiser Wilhelms des Großen taufe ich den Kanal ‚Kaiser Wilhelm-Kanal'.“*

Und spricht dann die Worte:

> *„Im Namen des dreieinigen Gottes, zur Ehre des Kaisers Wilhelm, zum Heile Deutschlands, zum Wohle der Völker.“*

Grundsteinlegung
zum Denkmal Kaiser Wilhelm's des Grossen
auf dem Festplatz bei Holtenau
21. Juni 1895.

Dem geliebten Großvater zur Ehre.

Vorige Doppelseite:
Weihevoll vor ganz
großer Kulisse.

Überraschung:
Der neue Name.

Zugleich legt er den Grundstein des Denkmals für den verehrten Großvater.

Danach intoniert die Musik die Hymne, die Matrosenartillerie feuert den ersten Salut, alle im Hafen liegenden Schiffe fallen ein.

Huldvoll grüßend, seiner Garde „*Adieu*" zurufend, unter gewaltigem Jubel der Festversammlung verlässt Wilhelm II. den Platz. Das Wetter ist während des ganzen Verlaufs der Feier prachtvoll, Kaiserwetter eben!

Das ist die nicht-militärische Seite der Kieler Tage, die ihre Vollendung findet in der festlich gestimmten, feiernden, anhaltend jubelnden bürgerlichen Bevölkerung Kiels.

Klaus Groth trägt zu diesen Tagen ein Festgedicht bei, das er in der „Kieler Zeitung" vom 21. Juni 1895 veröffentlicht. Von den Hohenzollern wird er als weithin bekannter Repräsentant des schleswig-holsteinischen Bürgertums sehr geschätzt, weil er den Weg des Landes als preußische Provinz und dann als Teil des neuen Deutschen Reiches mit wachsender Begeisterung mitgegangen ist.

Festgedicht für Chorgesang zur Kanalfeier

Klingt, ihr Wogen! Rauscht ihr Bäume!
Singt ein Lied im vollen Chor!
Legt sie an, die goldnen Säume!
Schüttelt wieder holde Träume!
Horcht! Der Kaiser lauscht empor!

Lange schauten wir in Sorgen
Oft auf diese blaue Fluth.
Endlich kam der goldne Morgen,
Endlich waren wir geborgen
Unter Deutschlands sich'rer Hut.

Deutschlands erster Kaiser nahte,
Und die Feinde rings entflohn.
Ja, der Himmel winkte Gnade;
Jetzt auf sich'rem Friedenspfade
Folgt ihm stets der Sohnes-Sohn.

Was der erste Kaiser plante,
Führt der dritte rüstig fort.
Friedenswerke, die er ahnte,
Friedenswege, die er bahnte,
Baut er aus von Ort zu Ort.

Auch den Pfad von Meer zu Meere
Segnete der Kaiser ein:
Daß er einst zu Deutschlands Ehre
Frieden sichernd Segen mehre
Und ein Denkmal möge sein.

Nun das große Werk vollendet,
Hält der junge Kaiser Macht.
Sieh! Da naht er selbst! Er spendet
Huld dem großen Werk und sendet
Dank den Vielen, die's vollbracht.

Rauscht ihr Wogen und ihr Chöre!
Freude ward uns hier zu Theil.
Laut erschall's zu Deutschlands Ehre,
Freudig hall's von Meer zu Meere:
Heil dem deutschen Kaiser, Heil!"

Freund des Hauses Hohenzollern: Klaus Groth, poeta laureatus.

Alte Majestät und neues Leuchtfeuer geben der Schifffahrt sicheren Schutz.

Über das Gedicht wird Wilhelm begeistert gewesen sein: mehrmals wird er in den kommenden vier Jahren von Kaiser und Kaiserin auf das Kieler Schloss eingeladen. Nicht ohne Grund erwidert das Haus Hohenzollern Klaus Groths Zuneigung.

Am Tag darauf beschwört der Kaiser auch anlässlich seiner Rede zum großen Festmahl wieder den friedlichen Charakter des Kanals, stellt die Stärkung der Wehrkraft jetzt an die zweite Stelle. Dass er die Fürsorge für die am Bau beteiligten Arbeiter als Erfolg der Sozialpolitik des Reiches hervorhebt, ist Ausdruck einer weiteren Rolle, in der er sich sieht: Kaiser der Arbeiterschaft, deren sorgender Vater er sein will:

> *„Mit Freude und Stolz blicke Ich auf diese glänzende Festversammlung und zugleich im Namen Meiner hohen Verbündeten heiße Ich Sie alle als Gäste des Reiches herzlich willkommen. Innigen Dank sprechen wir aus für die Theilnahme, die uns bei Vollendung eines Werkes geworden, welches im Frieden geplant und im Frieden gebaut, heute dem allgemeinen Verkehr übergeben wird. Nicht erst in unseren Tagen ist der Gedanke, die Nord- und Ostsee durch einen großen Kanal zu verbinden, entstanden. Weit zurück, bis in das Mittelalter hinein, finden wir Vorschläge und Pläne zur Verwirklichung dieses Unternehmens, und im verflossenen Jahrhundert ward der Eiderkanal gebaut, der ein rühmliches Zeugnis für die Leistungsfähigkeit der damaligen Zeit ablegt, doch nur für den kleineren Schiffsverkehr bestimmt, den gesteigerten Anforderungen der Jetztzeit nicht zu genügen vermochte. Dem neubegründeten deutschen Reiche blieb es vorbehalten, die große Aufgabe einer befriedigenden Lösung entgegenzuführen. Mein verewigter Herr Großvater, Kaiser Wilhelm's des Großen Majestät, war es, der in richtiger Erkenntnis der Bedeutung des Kanals für die Hebung des nationalen Wohlstandes und der Stärkung unserer Wehrkraft nicht müde wurde, dem Plane des Baues einer leistungsfähigen Wasserstraße zwischen Nord- und Ostsee seine fördernde Theilnahme zuzuwenden und die mannigfachen Schwierig-*

keiten zu beheben, welche sich der Ausführung entgegenstellten. Freudig und vertrauensvoll folgten die verbündeten Regierungen des Reiches und nicht minder der Reichstag der kaiserlichen Initiative. Rüstig ging's vor 8 Jahren ans Werk, das mit fortschreitender Ausführung in immer höherem Grade das öffentliche Interesse erweckte. Was die Technik vom hervorragenden Standpunkte ihrer Entwicklung hat schaffen können, was durch Eifer und Arbeitsfreudigkeit möglich war, was endlich zur Fürsorge für die zahlreichen an dem Bau betheiligten Arbeiter nach den Grundsätzen der humanen Sozialpolitik des Reiches gefordert werden konnte, ist an diesem Werke geleistet. Deshalb darf mit Mir und Meinen hohen Verbündeten das Vaterland des gelungenen Werkes sich freuen. Aber nicht nur für die heimischen Interessen haben wir gearbeitet. Der großen Kulturaufgabe des deutschen Volkes entsprechend, öffnen wir dem friedlichen Verkehr der Nationen untereinander die Schleusen des Kanals. Zu freudiger Genugthuung wird es uns gereichen, wenn seine fortschreitende Benutzung Zeugnis dafür ablegt, daß die Absichten, von welchen wir geleitet worden sind, nicht allein verstanden, sondern auch fruchtbar werden zur Hebung der Wohlfahrt der Völker. Die Theilnahme an unserer Feier seitens der Mächte, deren Vertreter wir unter uns sehen, deren herrliche Schiffe wir heute bewundert, begrüße Ich um so lebhafter, je mehr Ich darin die volle Würdigung unserer Bestrebungen zu erblicken das Recht habe. Deutschland wird auch heute das inaugurierte Werk in den Dienst des Verkehrs stellen und sich glücklich schätzen, wenn der Kaiser-Wilhelm-Kanal in diesem Sinne alle Zeit unsere freundschaftlichen Beziehungen zu den übrigen Mächten fördert und befestigt. Ich leere mein Glas auf das Wohl der uns befreundeten Souveräne und Mächte. Hurrah! Hurrah! Hurrah!"

Im deutlichen Gegensatz dazu stehen äußeres Erscheinungsbild und die kriegerischen De-

Kaiser für alle: Voll guten Willens.

monstrationen dieser Tage. Sie zeigen sozusagen die wahre Körpersprache der Veranstaltung. Zu Wilhelms Selbstwertgefühl, das sich politisch in seinem übersteigerten Nationalismus ausdrückt, gehört auch sein Militarismus, dessen prägnantester Ausdruck sich in seiner Besessenheit von einer starken deutschen Flotte findet. Sie, die die Seemacht des Reiches verkörpert, ist für ihn die Garantie dafür, dass Deutschland seine imperiale Mission erfüllen kann und von den anderen Mächten ernst genommen wird. Besonders natürlich von dem geliebten, gehassten, beneideten Großbritannien, seiner selbsterklärten zweiten Heimat. Wilhelm erscheint abwechselnd in der Uniform der Gardes du Corps, weiß-silbern blitzend, mit dem Helm, auf dem der mächtige Aar, drohend und schützend zugleich, die Schwingen ausbreitet, oder als Admiral, bei Besuchen etwa auf englischen oder russischen Schiffen in der entsprechenden Uniform dieser Staaten. Er ist stolz, dass er sie tragen darf. Es wimmelt nur so von Uniformen. Selbst zivile Gäste, etwa Reichstagsabgeordnete,

Erlauchte Runde.

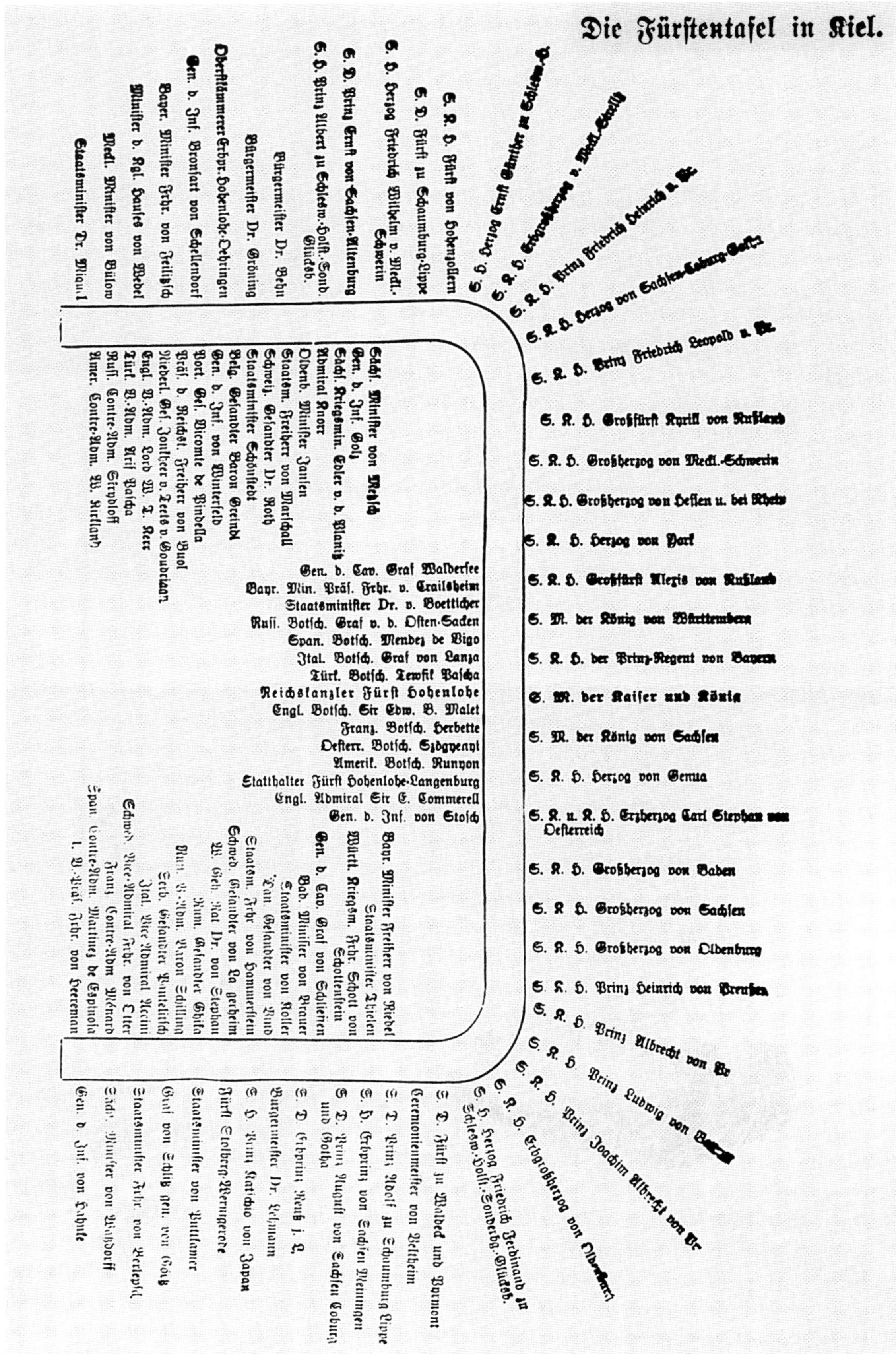

erscheinen zum Ball in der Marine-Akademie in ihren Reserveoffizier-Uniformen. Die Kriegsschiffe donnern ständig Salut, in Kiel zittern die Fensterscheiben, bei jeder Gelegenheit nehmen die Mannschaften Haltung an und schreien *„Hurrah! Hurrah! Hurrah!"*. Der Festbau in Holtenau ist ein riesiges Phantasie-Kriegsschiff. Es stellt einen übergroßen Dreimaster dar, stilistisch irgendwo, irgendwie angesiedelt bei Nelsons *„Victory"*. Seine Takelage entstammt der 1849 gebauten Fregatte *„Niobe"*. Die zahlreichen martialischen Stückpforten machen ungeheuer Eindruck. Den Festsaal im Innern schmücken über einhunderttausend Rosen.

Überhaupt die Schiffe! Förde und Hafen fassen sie kaum. Die fremden Nationen sind willige Mitspieler im herrlichen Schauspiel; gern zeigen auch sie, was sie haben. Außerdem eine hervorragende Gelegenheit, sich über den Stand der kaiserlichen Flottenrüstung zu informieren. Die Presse spricht von über einhundert, die Hälfte davon unter fremder Flagge. Man muss es in Beispielen aufzählen und zeigen, um die Wucht der Demonstration zu erfassen:

Vor dem Schloss liegen die neuesten deutschen Küsten-Panzerschiffe, *„Heimdall"*, *„Hagen"*, *„Fritjof"* und *„Hildebrand"*, vor der Admiralsbrücke der neue Kleine Kreuzer *„Gefion"* und der schnellste, die *„Kaiserin Augusta"*. Dann die schwarzen dänischen Kreuzer *„Hekla"* und *„Geiser"*, die Torpedoboote *„Havhesten"*, *„Narhvalen"*, *„Søløven"* und *„Støren"*, nach ihnen die weißen Kreuzer der Vereinigten Staaten, die *„New York"*, die *„Columbia"*, die *„San Francisco"* und die *„Marblehead"*. Dann die Panzer-Korvetten *„Baden"*, *„Bayern"*, *„Sachsen"* und *„Württemberg"*. Vor Bellevue massieren sich die Avisos *„Grille"* und *„Meteor"*, das Schulschiff *„Blücher"* und der englische Panzerkreuzer *„Blenheim"*. Hinzu kommt die deutsche Torpedoboots-Division. Russland hat seinen Panzerkreuzer *„Rurik"*, das Schlachtschiff *„Kaiser Alexander II."* und das Kanonenboot *„Grosiaschtschi"* geschickt,

Weit über tausend Gäste, weit über tausend Rosen im Prunkschiff.

Dep. 1461
Internationale Flottenschau auf
Zur Erinnerung an die Eröff

Kiel. 1895.
n Kieler Hafen am 21sten Juni 1895.
des Kaiser Wilhelm-Kanals.

Vorige Doppelseite: Die Marinen der Welt zu Gast vor Kiel, überwältigend.

Die Internationale Flotte bezieht Position.

England neben der *„Blenheim"* und der *„Endymion"* noch weitere Panzer-Kolosse, *„Repulse"*, *„Resolution"*, *„Empress of India"* und *„Royal Sovereign"* sowie den Kreuzer *„Bellona"* und den Torpedojäger *„Speedy"*. Frankreich, das sich nur sehr zögerlich entschlossen hat, der Einladung Wilhelms zu folgen und sich protokollarisch betont im Hintergrund hält, hat aber doch den Panzerkreuzer *„Dupuy de Lôme"*, das Schlachtschiff *„Hoche"* und den Kreuzer *„Surcouf"* entsandt. Deutschlands Stolz bilden die vier Panzerschiffe 1. Klasse, die den Kern der neuen Flotte bilden sollen: *„Wörth"*, *„Weißenburg"*, *„Kurfürst Friedrich Wilhelm"* und *„Brandenburg"*. Zwischen Holtenau und Friedrichsort ankern die italienischen Schlachtschiffe *„Re Umberto"*, *„Andrea Doria"*, *„Sardegna"* und *„Ruggiero di Lauria"* sowie die Kreuzer *„Stromboli"* und *„Aretusa"*, *„Etruria"* und *„Partenope"*, denen sich die österreichischen Kreuzer *„Kaiserin und Königin Maria Theresia"*, *„Kaiser Franz Joseph I."* und *„Kaiserin Elisabeth"* anschließen, gefolgt von Spaniens Kreuzern *„Infanta Maria Teresa"*, *„Marqués de la Ensenada"* und dem Panzerschiff *„Pelayo"*. Schweden und Norwegen sind vertreten mit ihren Panzerschiffen *„Göta"* und *„Thule"* sowie den Kanonenbooten *„Edda"*, *„Viking"* und *„Sleipner"*. Endlich liegen vor Friedrichsort die Niederländer mit ihren Kreuzern *„Atjeh"* und *„Alkmaar"*. Portugal schickt die Panzer-Korvette *„Vasco da Gama"*, Rumänien das Panzerschiff *„Elisabeta"* und die Brigg *„Mircea"*. Die rechte Flanke dieser Massenaufstellung sichern die Schulschiffe *„Gneisenau"*, *„Moltke"*, *„Stein"* und *„Stosch"*. Zum Bild gehören auch die englischen und türkischen Staats- und Admiralitätsyachten

Rechts: Was für eine Organisation!

Der Kieler Hafen
mit den Ankerplätzen der
zur feierlichen Eröffnung des Nord-Ostsee-Kanals
im Juni 1895 in Kiel
anwesenden Kriegsschiffe.
Erklärungen:
Yacht S. Maj. des Kaisers und Königs.
Schiffe der fürstlichen Personen.
Boje für Flaggschiffe
Boje für Kriegsschiffe und Schiffe mit der Reichs-Dienst-Flagge
Ankerplatz für Avisos oder kleinere Schiffe.
Ankerplatz für Hotelschiffe.
F. A. Fernsprech-Anschluss
P. u. T. Post- und Telegraphen-Amt.
Verzeichniss der Landebrücken im Kieler Hafen
1. Brücke bei Germaniawerft.
2. Brücke bei Wilhelminenhöhe.
3. Brücke bei Ellerbek.
4. Brücke bei Wellingdorf.
5. Brücke bei Neumühlen.
6. Prahm bei Kitzeberg.
7. Jensenbrücke.
8. Quai von der Bollhörn bis zur Proviantha11e.
9. Süd-Quai.
10. Brücke am Schuhmacherthor
11. Nord-Quai.
12. Seegartenbrücke I. Seegartenbrücke II. Seegartenbrücke III.
13. Schlossbrücke.
14. Barbarossabrücke.
15. Gefionbrücke.
16. Hansabrücke.
17. Seeburgbrücke.
18. Admiralsbrücke.
19. Reventlowalleebrücke.
20. Vinetabrücke. Herthabrücke. Marine-Akademiebrücke.
21. Brücken im Torpedbootshafen.
22. Blücherbrücke.
23. Bellevuebrücke.
24. Forsteckbrücke.
25. Prahm in der Wiker Bucht.
26. Brücke bei Vossbrook.
27. Brücken bei Friedrichsort.
28. Brücke bei Möltenort.
29. Brücke bei Heikendorf.
Amerika
Dänemark
Deutschland
England
Frankreich
Italien
Niederlande
Norwegen
Österreich
Portugal
Rumänien
Russland
Schweden
Spanien
Türkei
Deutsche Reichsdienst-Flagge
Friedrichsort P. u. T.
Leuchtthurm
Möltenort
Holtenau P. u. T.
Nord-Ostsee-Kanal
Kitzeberg
Heikendorf P. u. T.
Wik
Neumühlen P. u. T.
Wellingdorf
Ellerbek P. u. T.
Kaiserliche Werft
Gaarden P. u. T.
Wilhelminenhöhe
Gaardener Kirche
Bahnhof
Post
Nicolaikirche
Königl. Schloss
Universität
Marine-Kasernen
Garnisonkirche
Marine-Akademie
Düsternbrook
Sternwarte
Bellevue
Forstbaumschule
Villa Forsteck
Villa Stuttmeister
Südlicher Festplatz
Nördlicher Festplatz
Vossbrook
Gesetzlich geschützt.
Nachdruck und Nachahmung untersagt.
Verlag von Lipsius & Tischer, Kiel, Falckstrasse 9.

Man zeigt,
was man hat.

ENGLAND.

W. Renard & Schlicht Kiel 1895.

Kreuzer I. Cl. „Blenheim“.

ENGLAND.

W. Renard & Schlicht Kiel 1895.

Thurmschiff „Royal Sovereign.“

VEREINIGTE STAATEN VON NORD-AMERIKA.

W. Renard & Schlicht Copyright by E. H. Hart, New-York. Kiel 1895.

Panzerkreuzer „New-York“.

VEREINIGTE STAATEN VON NORD-AMERIKA.

W. Renard & Schlicht Copyright by E. H. Hart, New-York. Kiel 1895.

Kreuzer „San Francisco“.

OESTERREICH.

W. Renard & Schlicht Kiel 1895.

Panzerdeckskreuzer „Kaiser Franz Josef I.“

RUSSLAND.

W. Renard & Schlicht Kiel 1895.

Panzerkreuzer „Rurik".

FRANKREICH.

W. Renard & Schlicht Kiel 1895.

Panzerkreuzer „Dupuy de Lôme".

ITALIEN.

W. Renard & Schlicht Kiel 1895.

Schlachtschiff „Re Umberto".

SPANIEN.

W. Renard & Schlicht Kiel 1895.

Panzerschiff „Pelayo".

SCHWEDEN.

W. Renard & Schlicht Kiel 1895.

Panzerschiff „Göta".

Gruß aus Kiel!

1) Maria Theresia [Oesterreich]. — 2) Royal Sovereign [England]. — 3) Alexander II. [Rußland]. — 4) Fuad [Türkei]. — 5) New-York [Amerika]. — 6) Elisabeta [Rumänien]. — 7) Dupuy Delome [Frankreich]. — 8) Pelajo [Spanien]. — 9) Ruggiero di Lauria [Italien]. — 10) Hekla [Dänemark]. — 11) Vasco de Gama [Portugal]. — 12) Thule [Schweden]. — 13) Alkmaar [Niederlande]. — 14) Wiking [Norwegen].

Die internationale Flotte bei Eröffnung des Kaiser Wilhelm-Kanals. Originalzeichnung von Alex Kircher.

SOUVENIR
OF THE
OPENING
OF THE
NORTH - EAST
MARITIME CANAL
KIEL
JUNE 19
1895

IN MEMORY OF THE SOLEMN OPENING OF THE CANAL BETWEEN THE GERMAN SEA AND THE BALTIC
KIEL JUNE 19 1895

TER
HERINNERING
AAN DE PLECHTIGE
OPENING VAN HET
NOORD-OOSTZEE
KANAAL.
KIEL 19 JUNI
1895

ZUM
ANDENKEN
AN DIE FEIERLICHE
ERÖFFNUNG DES
NORD-OSTSEE-KANALS
KIEL 19. JUNI
1895.

ВЪ ПАМЯТЬ
ТОРЖЕСТВЕННАГО
ОТКРЫТІЯ СЪВЕРНО-
ОСТЗЕЙСКАГО
КАНАЛА.
КИЛЬ. 19 ІЮНЯ
1895

„Osborne“, *„Enchantress“* und *„Fuad“*. Und das sind noch nicht einmal alle Einheiten.

Man wird sagen dürfen, dass die Welt solches noch nicht gesehen hat. Wilhelm kann zufrieden sein.

Dazwischen tummeln sich die festlich geschmückten Lustfahrzeuge wohlhabender Kieler. Hinzu kommen die riesigen Passagierdampfer aus Hamburg und Bremen, die die illustren Gäste durch den Kanal und nach Kiel gebracht haben. Wilhelm kann schwelgen.

Doch bis der Augenblick für diesen Teil der Großen Inszenierung herangekommen ist, mussten noch gewaltige Hürden genommen werden.

Die Finanzierung war abschließend zu sichern, Militär und Parlament mussten gewonnen werden.

Helmuth von Moltke und der militärische Blick

DEUTSCHLAND.
ÜBERSICHT DER STAATEN DES DEUTSCHEN BUNDES.
Maafsstab = 1/3.700000.
5 0 5 10 15 20
Deutsche Meilen, 15 = 1° d. Aequat.
Erklärung.
STADT von über 100 000
STADT 50 000
Stadt Markt 20 000
Stadt Markt 10 000
Stadt Markt 5 000
Stadt od. Markt von unter 5 000
Inwohnern
Dorf
Schloss
Ruine
Eisenbahn
mit Pferdebetrieb.
19
20
21
22
23
24
25
54
53
52
NORD-SEE
Helgoland
Wangeroog
Spiekeroog
Langeoog
Baltrum
Norderney
Juist
Borkum
Schiermonnikoog
Ameland
Ter Schelling
Vlieland
Texel
Gr. Yarmouth
Harlingen
Leeuwarden
Groningen
Delfzijl
Emden
Aurich
Norden
Jever
Varel
Leer
Papenburg
Bourtange
Assen
Drenthe
Meppel
Sneek
De Helder
Hoorn
Enkhuizen
Zuider Zee
Alkmaar
Haarlem
Zaandam
AMSTERDAM
Kampen
Zwolle
Meppen
Lingen
Almelo
Deventer
Zutphen
Harderwijk
Nijkerk
Amersfoort
UTRECHT
Leyden
HAAG
Scheveningen
Schiedam
Vlaardingen
Delft
Gouda
ROTTERDAM
Dordrecht
Gorinchem
Rhein
Maas
Waal
Arnhem
Nijmegen
Hellevoetsluis
Overflakkee
Schouwen
Zierikzee
Ooster Schelde
Walcheren
Middelburg
Vlissingen
Wester Schelde
Beveland
Bergen op Zoom
Breda
Oosterhout
Hertogenbosch
Tilburg
Eyndhoven
Weert
Venlo
Roermond
Maaseyk
Hasselt
Limburg
Tournhout
ANTWERPEN
St. Nicolas
GENT
Lokeren
Eecloo
BRUGGE
Ostende
Blankenberghe
Neuzen
Nieuwpoort
Veurne
Dünkirchen
Poperinghe
Rousselaer
Thielt
Ypern
Kortryk
Oudenarde
Aalst
Dendermonde
Mecheln
Löwen
Lier
Cassel
Hazebrouck
St. Omer
Calais
Ardres
Boulogne
Pas de Calais
Strasse
Rheine
Tecklenburg
Osnabrück
Iburg
Bentheim
Steinfurt
Hengelo
Ahaus
Koesfeld
Münster
Borken
Lüdinghs.
Wesel
Rees
Cleve
Xanten
Geldern
Ruhrort
Duisburg
CREFELD
Mülheim
Essen
Dortmund
Hamm
Lippe
Lippstadt
Soest
Arnsberg
Iserlohn
Altena
Hagen
ELBERFELD
BARMEN
Remsch.
Solingen
Burscheid
Düsseldorf
Neuss
Gladbach
Erkelenz
Jülich
CÖLN
Ems
Westphalen
Hannover
Oldenburg
Ost-Friesland
West-Friesland
Holland
Brabant
Geldern
Overijssel
Cloppenburg
Vechte
Bielefeld
Wiedenbrück
Warendorf

27
28
29
30
31
32
33
Sund
Eslöf
KOPENHAGEN
Seeland
Ringsted
Malmö
SCHWEDEN
Cimbrishamn
Falsterbo
Ystad
Christiansö
Bornholm
Rönne
Korsör
DÄNEMARK
Fredericia
Kolding
Middelfart
Odense
Fünen
Nyborg
Assens
Königsau
Ripen
Hadersleben
Svendborg
Apenrade
Tondern
Alsen
Sonderbg
Aerö
Langeland
Gr. Belt
Laaland
Falster
Möen
Glücksbg
Flensbg
Angeln
Schleswig
Husum
Friedrichstd.
Eckernförde
Friedrichsort
Fehmarn
Gjedser Odde
Darsser Ort
Darss
I. Zingst
Arcona
Rügen
Bergen
Putbus
O
S
Kiel
Rendsbg
Heide
Lütjenbg
Oldenburg
Eutin
Neumünster
Holstein
Neustadt
Travemünde
Itzehoe
Segeberg
Lübeck
Glückstadt
Elmshorn
Cuxhafen
Altona
HAMBURG
Stade
Buxtehude
Harburg
Ratzeburg
Lauenbg
Schwerin
Wismar
Warnemünde
Doberan
Rostock
I. Poel
Bützow
Güstrow
Malchin
MECKLENBURG
Parchim
Hagenow
Ludwigslust
Waren
Müritz S.
Brandenbg
N. Strelitz
Barth
Stralsund
Franzbg
Grimmen
Greifswald
Wolgast
Demmin
Anclam
Peene
I. Usedom
Swinemünde
I. Wollin
Dievenow
Cammin
Treptow
Colberg
Greifenbg.
Wollin
Regenwalde
Naugard
das Haff
Ückermünde
Pasewalk
Pommern
Freienwalde
Stargard
STETTIN
Damm
Greifenhagen
Pyritz
Arnswalde
Prenzlau
Templin
Uckermark
Angermünde
Lüneburg
Lüneburger Heide
Uelzen
Elbe
Wittstock
Perleberg
Priegnitz
Wittenberge
Kyritz
N. Ruppin
Finow Can.
Nst. Eberswalde
Freienwalde
Oderbruch
Königsbg.
Soldin
Neumark
Friedebg.
Landsberg
Warthe
Schwerin
Bremen
Verden
Hoya
Nienburg
HANNOVER
Celle
Salzwedel
Osterburg
Altmark
Stendal
Gardelegen
Rathenow
Havelland
Nauen
Spandau
Charlottenbg
BERLIN
Cüstrin
Zielenzig
Frankfurt
Brandenburg
Genthin
Potsdam
Mittelmark
Spree
Beeskow
Züllichau
Oder
Crossen
Guben
Grünberg
Braunschwg
Helmstd.
N. Haldensleb.
Wolmirstd.
MAGDEBURG
Burg
Loburg
Belzig
Luckenwalde
Jüterbogk
Lübben
Spree Wald
Luckau
Kalau
Cottbus
Hildeshm.
Wolfenbüttel
Oschersleb.
Zerbst
Hameln
Pyrmont
Goslar
Halberstd.
Kalbe
Wernigerode
Brocken
Quedlinburg
Bernbg
Dessau
Köthen
Wittenberg
Herzbg.
Einbeck
Clausthal
Osterode
Aschersleb.
Hettstd.
Holzminden
Carlshafen
Göttingen
Nordhs.
Sangerhs.
Eisleben
Bitterfeld
Delitzsch
Torgau
Eilenbg
Elbe
Nieder-Lausitz
Spremberg
Sorau
Sagan
Priebus
Sprottau
Liebenwerda
Hoyerswerda
Münden
Worbis
Heiligenstd.
Sondershs.
Frankenhs.
Querfurt
Halle
Merseburg
LEIPZIG
Wurzen
Oschatz
Grossenhayn
Ober-Lausitz
Kohlfurth
Bunzlau
Cassel
Mühlhausen
Langensalza
Weissensee
Weissenfels
Grimma
Riesa
Meissen
Bautzen
Görlitz
Lauban
Eschwege
Saale

Vorige Doppelseite: Geostrategischer Überblick von der Ostsee bis zur Ems: Zu Otto von Bismarcks großer Kanalidee.

Seit Beginn der ersten ernsthaften politischen Überlegungen für einen neuen Kanal zwischen Nord- und Ostsee in den Jahren 1848/49, der den Schleswig-Holsteinischen Kanal ersetzen soll, steht außer Frage, dass diese Wasserstraße zwar auch der großen Handelsschifffahrt dienen soll, in erster Linie aber der Durchschiffung von Einheiten der Kriegsmarine. Der Begründungsschwerpunkt als Kriegs- oder Handelskanal wechselt im Laufe der Zeit und folgt der politischen Stimmungslage oder der Opportunität, zumeist jedoch wird er als Militär-Kanal begründet.

Als ab 1864 die Diskussion um den Kanalbau wieder akut wird, bringt sich selbstverständlich auch das Militär ein, allerdings in einem anderen Sinn als Bismarck dieses erwartet und ge-

Helmuth von Moltke.

Skizze

eines

Ost-Nordsee-Canal-Projects

mit den Endpunkten

Flensburger-Hafen — Lyster-Tiefe.

Berlin, 1868.

Eine Idee, die Moltke zeitweilig favorisiert.

wünscht hatte. Für diesen ist der Kanal ausschließlich Instrument seines politischen Kalküls, und damit Instrument der Machtpolitik.

Militärisch gesehen entwickelt der ehemalige Gardejäger-Wehrpflichtige Otto von Bismarck den kühnsten Plan von allen: Sein Kanal soll von der Ostsee über die Elbmündung zur Weser und von dort über die Jade bis zur Emsmündung gehen. Er verweist auf das holländische Beispiel: Die niederländische Kriegsmarine habe den Vorteil, diejenigen Kanäle benutzen zu können, die im Binnenlande lägen. Das entsprechende Bedürfnis nach einer Kanalverbindung werde durch das Vorhandensein der dänischen Halbinsel und der Verteilung der eigenen Flotte auf getrennten Meeren wesentlich gesteigert. Wenn die Flotte aus jeder der Mündungen ausfallen könne, einschließlich der in die Ostsee, ohne dass der Feind vorher wisse, aus welcher, sei er genötigt, in jedem der beiden Meere ein der gesamten preußisch-deutschen Flotte äquivalentes Geschwader zu unterhalten. Der Plan wird ernsthaft erwogen. Doch schon wegen der Kosten des Baues und der zu schaffenden Infrastruktur ist er ein Utopia, aber auch die Souveränitätsansprüche des kleinen Herzogtums Oldenburg stehen dagegen, das – zu Recht – befürchten müsste, dass durch die Anlage eines preußisch-deutschen Kanals seine Eigenständigkeit zur Farce verkümmern würde. Am 21. Juli 1864 stellt das Kriegs- und Marineministerium fest, dass aus seiner Sicht sich am besten Kiel zur Einrichtung einer Flottenstation eigne, und man daher darum ersuche, zu überprüfen, wie eine unmittelbare Verbindung mit dem vorgesehenen Kanal hergestellt werden könne, oder ob möglicherweise sogar eine direkte Führung das Kanals auf Kiel zu möglich sei. Von den großen Militärs äußert sich mehrfach im Laufe des Jahres 1864 der Chef des preußischen Generalstabes, der Generalleutnant Helmuth von Moltke. Da er zunächst den künftigen Kriegshafen in exponiert nördlicher strategischer Position bei Sonderburg sieht, bevorzugt er eine Kanallinie von Flensburg zum Lister Tief. Weil die Fachleute der Marine jedoch die Sonderburger Verhältnisse als zu beengt für das Manövrieren einer großen Flotte beurteilen, hat das Projekt keine Chance auf Realisierung. Unter dem Eindruck dieser veränderten Verhältnisse und der inzwischen vorliegenden Planungsvorstellungen Lentzes nimmt er am 18. September 1864 Stellung in einem Schreiben an den Kriegsminister Graf von Roon: Als westliche Mündung des Kanals komme nur die Gegend um St. Margarethen an der Unterelbe in Betracht, als östliche Eckernförde, Kiel oder Neustadt. Er entscheidet für Kiel, da diese Örtlichkeit durch ihren vorzüglichen und natürlichen, durch die Festung Friedrichsort geschützten Hafen der optimale Standort für die Station sei. Im Flottengründungsplan des Norddeutschen Bundes von 1867 finden sich keine Ausführungen zum Kanal. Der Aufbau der Flotte durch Ankauf und Neubau und die Schaffung eines wirksamen Küstenschutzes haben Priorität.

Immer wieder Gedanken über einen Kanal.

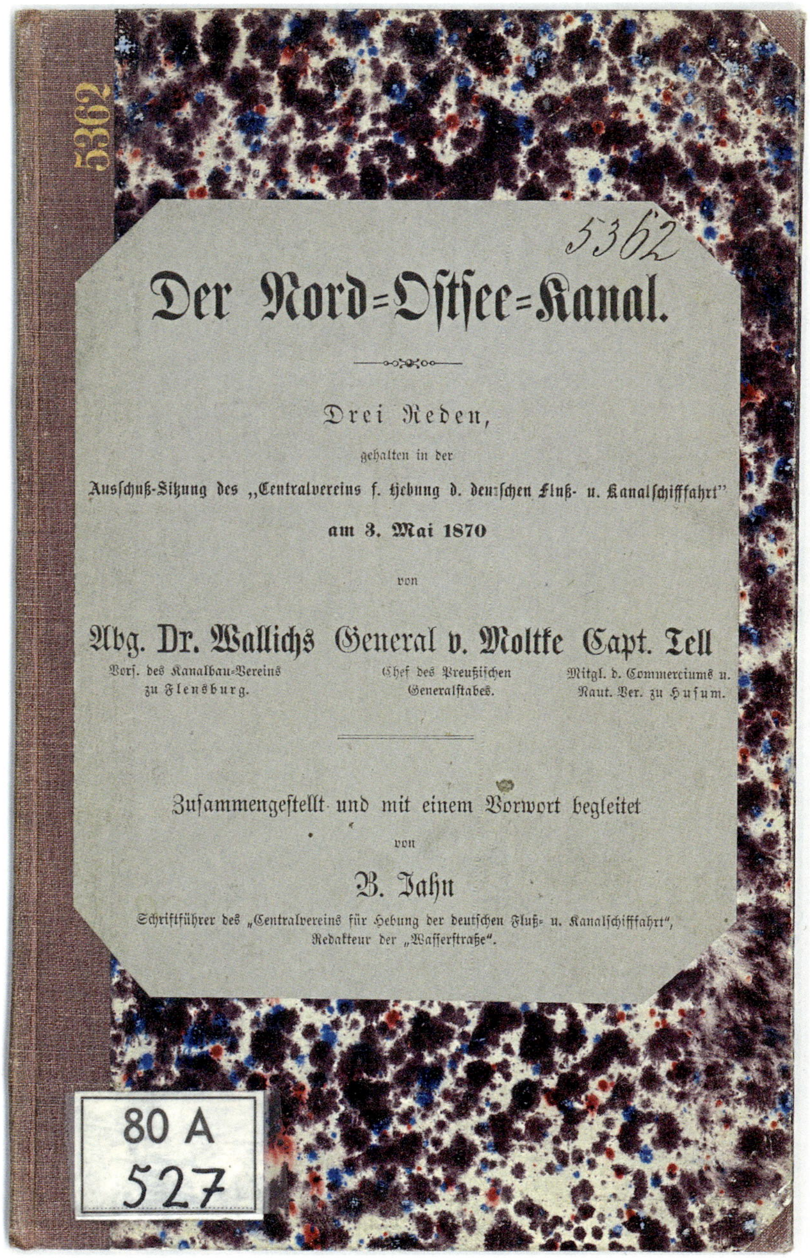

Moltke äußert sich wieder zum Kanal am 3. Mai 1870 und zwar vor dem Centralverein zur Hebung der deutschen Fluß- und Kanalschifffahrt und begibt sich auf ungewohntes Terrain: Er nimmt ausführlich zu technischen Fragen Stellung, berührt aber auch kommerzielle, stellt sogar eine Kostenrechnung an. Ganz zum Schluss dann der Satz:

> *„Die militärischen Rücksichten sind bei dieser Beurtheilung ganz außer Betracht geblieben. Militärisch nützlich würde nur die Richtung St. Margarethen – Kiel sein."*

Nachdem das Kieler Komitee dem Reichstag im Frühjahr 1871 sein überarbeitetes Konzept übersandt hat, nimmt am 21. April Kriegs- und Marineminister Graf von Roon Stellung. Er bewertet das Vorhaben positiv,

> *„dessen außerordentliche Bedeutung für die Sicherung unserer Küsten wie für unsere Machtentfaltung zur See näher zu erörtern ich schon früher Gelegenheit gehabt habe, dem geneigten Interesse und der kräftigen Förderung des Reichskanzlers wiederholt angelegentlich zu empfehlen…".*

Am 23. Juni 1873 steht das Kanalprojekt wieder einmal zur Beratung im Reichstag an. Da kommt es zur Sensation: Der Abgeordnete für den preußischen Wahlkreis Memel-Heydekrug, Helmuth Graf von Moltke, hält eine Rede, die als „Totenrede" auf den Nord-Ostsee-Kanal in die Geschichte eingeht. Ein Paukenschlag:

> *„Meine Herren, ich werde die Diskussion nicht lange aufhalten, aber ich glaube, daß es doch nützlich sein kann, die sehr großen Erwartungen, die an die Ausführung des Nordostseekanals geknüpft werden, einigermaßen auf ein richtiges Maß zurückzuführen. Ich thue es nicht gern, weil es ein Unternehmen ist, welches gerade einen militärischen Nutzen haben soll. …"*

Der Chef des Großen Generalstabes, der Abgott des Militärs, der Halbgott der Deutschen, der Sieger der Einigungskriege setzt sich dann, wie schon 1870, mit Fragen der Geographie, der Meteorologie, der Wirtschaftlichkeit, des Verkehrs auseinander und findet zum Teil höchst anfechtbare, größtenteils auch schlichtweg falsche Antworten, die aber alle gegen den Kanalbau sprechen. Sein Vortrag, zusammengefasst:

1. Lentze hat einen für die Marine brauchbaren, östlich in die Kieler Förde mündenden Kanal auf ca. 38 Millionen Taler veranschlagt; aufgrund der inzwischen gestiegenen Materialpreise und Löhne wird er heute 50 bis 60 Millionen kosten.
2. Von den jährlich den Öresund passierenden Schiffen, deren Zahl auf 40.000 geschätzt wird, wird ein großer Teil, weil der Kanal für sie einen Umweg bedingt, den Kanal nicht passieren.
3. Der Kanal ist mindestens 100 Tage im Jahr zugefroren. Ohnehin hört in der Ostsee im Winter die Schifffahrt auf, und im Hochsommer bei gutem Wetter werden die Schiffe, um die Kanalkosten zu sparen, doch um Skagen fahren.
4. Bleiben also die Äquinoktialzeiten mit ihren Stürmen, zu denen eine zu große Zahl von Schiffen den Kanal passieren würde, und wo durch die Stürme heftige Strömungen im Kanal entstehen würden, welche die Schifffahrt sehr hemmen und kostspielige Uferbauten notwendig machen würden. Eine Schleuse wenigstens im Westen ist unentbehrlich.
5. Das Durchschleusen eines großen Schiffes kostet 1½ Stunden. Wenn Hunderte von Schiffen vor der Schleuse liegen, geht die ersparte Zeit verloren.

Dann aber wird es dramatisch:

> *„Nun frage ich aber, meine Herren, für wen bauen wir eigentlich diesen Kanal? Ich kann mich darin irren, aber ich glaube, unsere Ostseestädte handeln nach Skandinavien und nach Rußland, unsere Nordseestädte nach England, nach Amerika u.s.w. Ein großer Schiffsverkehr, selbst wenn der Kanal hergestellt ist, zwischen Danzig und Bremen oder Stettin und Hamburg, würde doch wohl kaum stattfinden. Wir bauen vielmehr den Kanal für Schweden und Rußland, für Amerika, Frankreich u.s.w. Nun kann man sagen, in diesem Falle würden diese Staaten sich auch an den Kosten der Anlage betheiligen. Vielleicht! meine Herren, aber dann würde dieser Kanal ein internationaler, es würde dann aber auch der ganze militärische Nutzen verloren gehen, denn im Kriege würden wir den neutralen Kanal gar nicht benutzen können, während wir noch im letzten Kriege sehr bedeutende Versendungen nach der Jade bewirkt, selbst kleinere Kriegsschiffe durch den schon vorhandenen Eiderkanal übergeführt haben. Ob der schon vorhandene Kanal mit außerordentlich viel geringerer Summe sich nicht in besseren Zustand wird versetzen lassen, das will ich dahin gestellt sein lassen.*

Wichtige Rolle in der Diskussion: Kriegsminister Albrecht von Roon.

Was nun den militärischen Nutzen betrifft, so ist behauptet worden, daß wir durch den Kanal die Möglichkeit gewönnen, die Flotte von einem Meer in das andere zu bringen, also in dem einen Meere doppelt so stark aufzutreten. Meine Herren, ganz richtig ist das auch nicht. Zunächst können wir in beiden Meeren engagiert sein. In einem Kriege mit Frankreich, dem Dänemark beiträte, können wir die Ostseeflotte in der Ostsee nicht entbehren. Allerdings könnten wir unter Umständen die Schiffe der Ostseeflotte in der Nordsee verwerthen; aber ich glaube, Schiffe wie den „Prinz Friedrich-Karl" und den „König Wilhelm" können wir in der Ostsee gar nicht brauchen.

(Hört! links.)

Ich fasse meine Ausführungen in dem einen Satz zusammen: wenn wir geneigt sind, für maritime militärische Zwecke eine Summe von 40 bis 50 Millionen Thaler auszugeben, dann würde ich Ihnen vorschlagen, statt eines Kanals für die Flotte eine zweite Flotte zu bauen.

(Bravo!rechts.)"

Die Debatte wendet sich dann dem Flottengründungsplan zu. Der Kanal spielt keine Rolle. In der ganzen Diskussion dieser Jahre fällt auf, dass die Marineverwaltung sich zurückhaltend zum Projekt äußert. Man hält den Kanal für durchaus nützlich, auch wohl notwendig, aber die üblichen großen Worte und die übertreibenden dramatischen Appelle vom Untergang des Vaterlandes, wenn nicht …, die man kennt, wenn das Militär eine Chance sieht, seine Ansprüche anzumelden und durchzusetzen, sucht man vergeblich. Es entsteht der Eindruck, dass die Marine dem Kanal zustimmt, weil es nie schaden kann, über solch eine strategische Wasserstraße zu verfügen, dass man aber nicht weiß, wie sie angesichts der politischen Großwetterlage in Europa überhaupt sinnvoll zu nutzen sein würde. In seiner Denkschrift über den Stand des Flottenentwicklungsplans von 1867, den Bismarck am 6. Mai 1872 dem Reichstag zugeleitet hatte, waren zweieinhalb Zeilen im Brustton enthalten:

„Zum Schlusse wird es am Platze sein, darauf hinzuweisen, daß die Kaiserliche Marine ein hohes Interesse hat am Zustandekommen des Nord-Ostsee-Kanals."

Es ist Bismarcks Bericht, der Klima schaffen will für den Militär-Kanal, hinter dem so niemand in der hohen Generalität und Admiralität steht.

Moltkes Rede beendet die aktuelle Kanaldebatte für die nächsten Jahre, so groß ist sein Einfluss. Besonders Wilhelm I. und die Landesverteidigungskommission unter Vorsitz von Kronprinz Friedrich teilen jetzt Moltkes Auffassung; dagegen kommt auch Bismarck für den Augenblick nicht an. Diese Niederlage hat er bis ins Alter nicht verwunden, wenn wir in seinen *„Gesammelten Werken"* lesen. Dabei geht er auch auf Moltkes Argumente von 1870/73 ein:

„In meinem Bemühen, das Interesse wieder zu erwecken, stieß ich auf Widerspruch bei der Landesvertheidigungs-Commission, deren Vorsitzender der Kronprinz, deren eigentliche Spitze der Graf Moltke war. Letzterer erklärte als Mitglied des Reichstags am 23. Juni 1873, der Canal werde nur im Sommer benützbar und von zweifelhaftem militärischen Werthe sein; für 50 bis 60 Millionen, die es kosten werde, baue man besser eine Flotte. Die Gründe, welche mir in der Bewerbung um die Königliche Entscheidung entgegengesetzt wurden, hatten ihr Gewicht mehr in dem großen Ansehen, welches die militärischen Kreise bei Sr. Majestät genossen, als in ihrem materiellen Inhalt; sie gipfelten in dem Argument, daß ein so kostspieliges Werk wie der Canal zu seinem Schutze im Kriege eine Truppenmasse erfordern würde, welche wir der Landarmee nicht ohne Schaden entziehen könnten. Es wurde die Ziffer von 60 000 Mann angegeben, die im Falle eines dänischen Anschlusses an feindliche Handlun-

gen zum Schutze des Canals verfügbar gehalten werden müßten. Ich wandte dagegen ein, daß wir Kiel mit seinen Anlagen, Hamburg und den Weg von dort nach Berlin immer würden decken müssen, auch wenn kein Canal vorhanden sei. Unter der Last des Uebermaßes andrer Geschäfte und den geschilderten mannichfachen Kämpfen der siebziger Jahre konnte ich nicht die Kraft und Zeit aufwenden, um den Widerstand der genannten Behörde vor dem Kaiser zu überwinden; die Sache blieb in den Acten liegen. Ich schreibe den Widerstand mehr der militärischen Eifersucht zu, mit der ich 1866, 1870 und später Kämpfe zu bestehen hatte, die meinem Gemüthe peinlicher gewesen sind als die meisten andern."

Als es dann in den frühen achtziger Jahren mit seinem vollen Einsatz in der Kanalfrage endlich weitergehen soll, ist er sich bewusst, dass das Projekt nur durchsetzbar sein würde, wenn es ihm gelänge, den Widerstand der Landesverteidigungskommission zu überwinden. Denn, gleichviel, was Wirtschaftsfachleute auch mit ihren Rentabilitätsberechnungen an Blauem vom Himmel herab versprechen mochten: Als der Durch-und-durch-Politiker, der er ist, weiß Bismarck sehr genau, dass ein solches Riesenprojekt, mit den ungeheuren Mitteln, die es verschlingen würde, nur dann durchgesetzt werden könnte, wenn es gelänge, es als entscheidend für die deutsche Wehrkraft und des Reiches Weltgeltung zur See zu verkaufen. Es hätte nationalen Symbolcharakter zu haben.

So stilisiert, würde der Kanal wie nichts anderes die gewaltige Kraft verkörpern, die das neue Deutsche Reich sich selbst und der Welt versprach. Bismarck ist klar, dass er das Militär nach Moltkes Diktum und der Ablehnung durch Kaiser und Kronprinzen letztlich nicht auf seine Seite ziehen kann. Also greift er zu dem Mittel, das er für eine unübertreffliche Trumpfkarte hält, mit der er alle Widerstände beiseite fegen wird: Er bedient sich der Autorität des Kaisers, Wilhelms I., der sich als Berufssoldat versteht und auch so akzeptiert wird. Bismarck schreibt später, er habe gegenüber dem Kaiser nicht von den handels- und wirtschaftspolitischen Vorteilen des Bauwerks gesprochen, sondern ausschließlich von dessen absoluter militärischer Notwendigkeit, da der militärische Gesichtspunkt dem Denken des Monarchen doch mehr *„eingängig"* sei. Will heißen: Bismarck manipuliert den alten Monarchen mit äußerstem Druck. Wie es dabei zugegangen ist, ist nicht bekannt. Es funktioniert: Wilhelm I. ändert wieder seine Meinung. Am 19. Oktober 1883 schreibt er dem Kanzler einen Brief, in dem er ausführt, wie im Falle eines Krieges die auf die zwei Meere verteilte Flotte *„geschwächt"* sein werde und er *„zur Beseitigung dieser schädlichen Situation die Herstellung eines Nord- Ostsee-Kanals in der für die Kriegsmarine erforderlichen Größe empfehle"*. Damit erfährt der Kanal die ultimative militärische Billigung. Bismarck ist seine carte blanche ausgestellt.

Doch noch einmal zurück zu Moltkes Anmerkungen zur militärischen Rechtfertigung des Kanalbauwerks: Nachdem er sich schon 1864 und 1870 zum Kanal geäußert hat, und zwar, ohne ihn grundsätzlich in Frage zu stellen, wirkt auf viele seine Stellungnahme von 1873 wie ein Umfallen und wird auch noch Jahrzehnte später als der große Irrtum seines Lebens gedeutet. Sie ist es nicht. Die Situation hatte sich nur grundlegend geändert.

Moltke fürchtet nach dem deutsch-französischen Krieg Frankreichs Rachegelüste. Und er fürchtet einen Zweifrontenkrieg, naturgemäß in erster Linie als Landkrieg, aber den Krieg zur See hat er auch im Auge.

Für die Ostsee konnte ein Zusammengehen Frankreichs mit Dänemark mit der einhergehenden Sperrung des Sundes und der Belte nicht ausgeschlossen werden, eine Maßnahme, die im

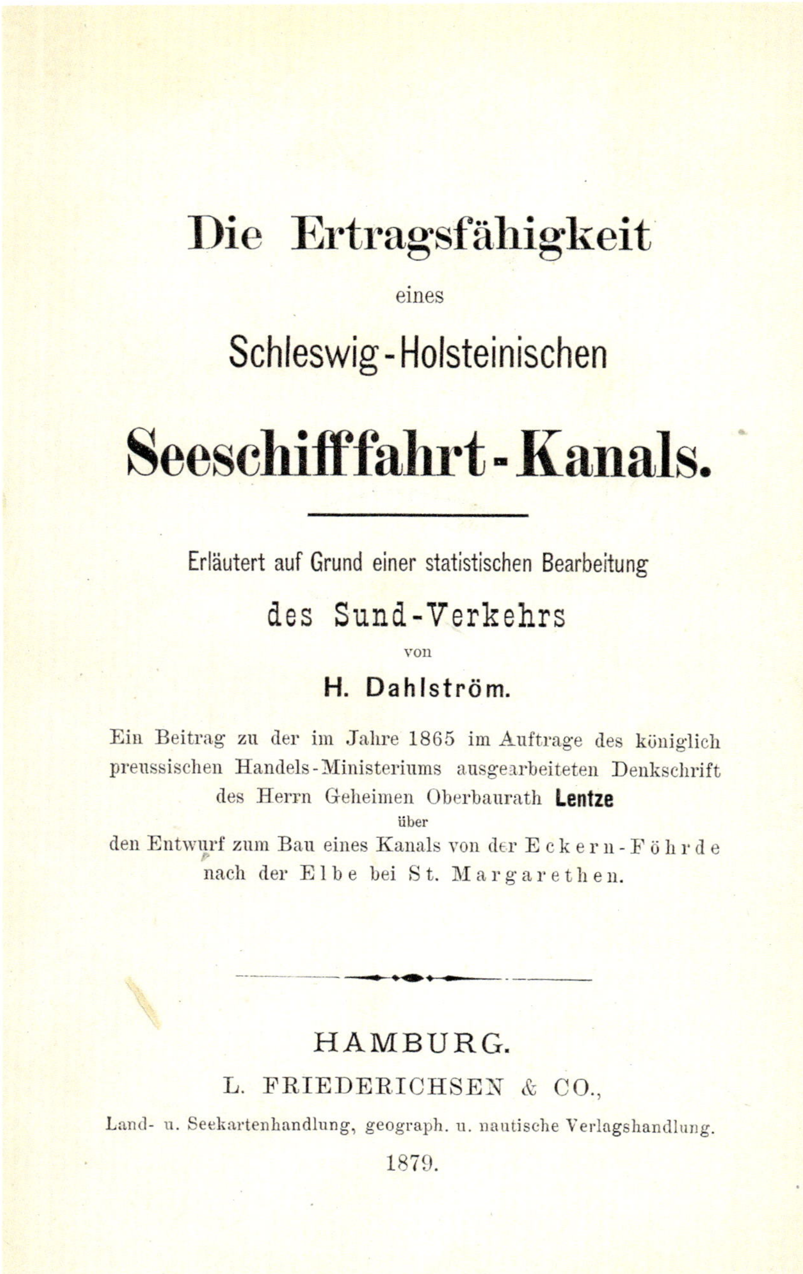

Die Ertragsfähigkeit

eines

Schleswig-Holsteinischen

Seeschifffahrt-Kanals.

Erläutert auf Grund einer statistischen Bearbeitung

des Sund-Verkehrs

von

H. Dahlström.

Ein Beitrag zu der im Jahre 1865 im Auftrage des königlich preussischen Handels-Ministeriums ausgearbeiteten Denkschrift des Herrn Geheimen Oberbaurath **Lentze** über den Entwurf zum Bau eines Kanals von der Eckern-Föhrde nach der Elbe bei St. Margarethen.

HAMBURG.

L. FRIEDERICHSEN & CO.,

Land- u. Seekartenhandlung, geograph. u. nautische Verlagshandlung.

1879.

Die Hamburger Wirtschaft wird massiv: Dahlström rechnet schwarze Zahlen vor.

Übrigen auch durch jede andere potente Seemacht hätte vorgenommen werden können. Das war das eine.

Zum anderen lag ein Konflikt mit Russland nicht außerhalb jeglicher Möglichkeit.

Diesen wiederum hätte Frankreich ausnutzen können zum eigenen Angriff auf das Reich, allein oder in Allianz mit St. Petersburg, auch zur See, auch durch Blockade. Dem setzt Moltke *zwei* starke, eigenständig operierende Flotten entgegen, die jeweils im „eigenen" Meer den möglichen Feindkonstellationen überlegen begegnen könnten. Die Befürworter der schnellen Flottenverlegung gehen dagegen von *einer* Flotte aus, die an zwei Standorten stationiert ist und nur im Kriegsbedarfsfall gemeinsam operiert. Dieses ist eine militärisch nicht zu verantwortende Vorstellung, stellt doch das gemeinsame Operieren unterschiedlicher Großverbände eine der am schwierigsten zu bewältigenden militärischen Aufgaben dar, die nur dann erfolgreich gelöst werden kann, wenn die Einheiten ständig zusammen üben und so im kontinuierlichen gemeinsamen Verbund sind. Das jedoch war nach aller Erkenntnis nicht vorgesehen! Vielmehr sollten die Flottenteile im Ernstfall blitzschnell hin- und hergeschoben werden und dann sofort reibungslos zusammen funktionieren. Kaum machbar. Hoch risikobehaftet. Die Marine wird es gewusst haben. Insofern ist Moltkes Gedanke genau richtig: Große eigenständige Flotten, im vertrauten Gewässer operierend, dem dortigen Gegner drückend überlegen, ausgerichtet auf e i n klares mögliches worst-case-Szenario. Nicht e i n Flottenteil jeweils Hilfsarmada des anderen.

Schließlich:

Ein weiterer großer militärischer Schwachpunkt ist der Kanal selbst: Er ist extrem verwundbar. Das offizielle Konzept beruht auf der blitzschnellen Durchschleusung einer ganzen Schlachtflotte binnen 24 Stunden. Würde das nicht gelingen, wäre die gesamte darauf aufbauende Planung hinfällig.

Was hätte passieren können? Sabotagetrupps hätten Schleusen und Brücken sprengen können. In akuten Spannungszeiten hätten große Handelsschiffe potentieller Kriegsgegner durch Selbstversenkung oder In-die-Böschung-Setzen den Kanal auf Wochen oder Monate unbrauchbar machen können. Kollisionen innerhalb der ausmarschierenden Flotte großer Schiffe hätten zum selben Ergebnis führen können. Nichts hat später die Marine so beschäftigt wie die Frage der Sicherung der Wasserstraße gegen die benannten Ereignisse, starke Kräfte in Stäben und technischen Kommissionen band diese Aufgabe permanent.

Helmuth von Moltke hat 1873 nur seine Autorität sprechen lassen. Die obigen Überlegungen zeigen jedoch, dass sein Petitum für zwei selbstständige Flotten in Nord- und Ostsee richtig war. 1873 und auch für die Jahrzehnte danach, bis zum Ende des Deutschen Kaiserreichs. Seine Rede hätte bewirken müssen, dass eine Grundsatzdebatte um die Sinnhaftigkeit eines solchen Kanals aus militärischer Sicht eingesetzt hätte; das geschieht nicht. Es wird still um den Kanal.

Hamburgs „Chef-lobbyist": Hermann Dahlström.

Ab 1878 setzt sich der Hamburger Reeder Hermann Dahlström vehement für das Projekt ein; er verfasst drei Denkschriften, von denen die über *„Die Ertragsfähigkeit eines Schleswig-Holsteinischen Seeschifffahrts-Kanals"* die einflussreichste sein wird. Seine Prognose stellt glänzende Wirtschaftlichkeit in Aussicht und beinhaltet die volkswirtschaftliche Unterfütterung des Lentzeschen Entwurfs. Den will er allerdings auf geringere Ausmaße herabdimensionieren. Sie bewegt – so die Legende – Bismarck, das Thema erneut anzugehen. Tatsächlich dürfte Dahlströms Einfluss auf Bismarck gering bis nicht vorhanden gewesen sein. Den Machtpolitiker treiben andere Motive an. Die Argumente des Hamburgers allerdings konnten von Nutzen in der öffentlichen Debatte sein. Der Hamburger bittet auch Moltke um Unterstützung: Der verweist auf seine Reichstagsrede und noch einmal dezidiert darauf, dass er damals der Auffassung gewesen sei, für die hohe erforderliche Summe lieber zwei Flotten zu bauen. Das gelte auch jetzt noch für ihn. Wenn der Kanal, wie Dahlström ihn sich vorstelle, in kleinerer Dimension ausgeführt werde, so könne der ohne Zweifel recht nützlich und auch militärisch *„ganz erwünscht"* sein. Der offiziellen Doktrin allerdings tut er dann wieder keinen Gefallen: Aus militärischer Sicht komme so ein Kanal nur für Kanonenboote und Ausfall-Corvetten in Betracht, für Schiffe also, die nicht das große Bild bestimmen. In Moltkes Augen hatte auch der kleine Schleswig-Holsteinische Kanal insoweit gute Dienste geleistet. Gegen den neuen Kanal zur sozusagen untergeordneten militärischen Mitbenutzung erhebt er also keine Bedenken.

Selbstverständlich wird das Militär auch offiziell in die Diskussion über Dahlströms Vorstellungen eingebunden: Im November 1883 vertritt der Chef der Admiralität, der General von Caprivi, die Auffassung, dass der Kanal, wenn er von anderer Seite finanziert werde, der Marine *„nur willkommen"* sein werde. Er sei aber für diese nicht *„so nöthig"*, dass sich die Kostenübernahme durch das Reich, also auch zu Teilen aus dem Marineetat, rechtfertige.

Im selben Monat legt auch Moltke sich – noch einmal – fest:

„Wenn nun aber jetzt der Chef der Admiralität aus Gründen, die mir einleuchtend erscheinen, einen sehr geringen oder vielmehr gar keinen

Wert auf diese Seeverbindung legt, so vermag auch ich, vom Standpunkt der Landesvertheidigung, nicht für deren Ausführung zu stimmen."

Kriegsminister Bronsart von Schellendorf stellt fest, dass es besser sei, im Moltkeschen Sinn eine zweite Flotte zu bauen. Der Kanal werde unzweifelhaft der Marine von Nutzen sein, als ein dringendes Erfordernis der Landesverteidigung hingegen könne er nicht bezeichnet werden. Hierauf reagiert Bismarck:

„Wenn die Land- und See-Militärbehörden den Kanal nur für annehmbar, aber nicht für nöthig halten, so wird sich gegen diese, wie ich glaube, festländische Auffassung schwer vorgehen lassen."

Kurz vor Weihnachten 1883 wiederholt er, dass angesichts der Haltung der militärischen Instanzen die Angelegenheit wenig Chancen habe, er halte sich aber für verpflichtet, die Anregung des Kaisers *„über Wasser zu halten"*.

Mit Bismarck überquer: Leo von Caprivi.

In einem aktuellen Gutachten des Generalstabes wird der Kanal nicht befürwortet. Als Caprivi bei Bismarck dagegen protestiert, dass das Kanalvorhaben nach dessen Beurteilung höchste militärische Priorität genieße, bescheidet der ihm abkanzelnd, er könne seine abweichende Auffassung gern dem Kaiser vortragen. Weitere Widerworte kontert er damit, dass er nicht vorhabe, das seit zwanzig Jahren betriebene Vorhaben aufzugeben.

Ein wenig wird die Brisanz aus der Auseinandersetzung genommen, als die Vertreter der Streitkräfte sich dazu verpflichten, ihre Ansichten nicht mehr öffentlich zu machen.

Jetzt spielt die Marine ein ganz anderes Spiel. Da sie den Kanal argumentativ als „Auch"-Marine-Kanal nicht würde verhindern können, wirft sie das Ruder herum und stellt Forderungen, die jede wirtschaftliche Überlegung negieren und praktisch auf einen Kanal nach purem Marine-Gusto hinauslaufen. Also verlangt sie für künftige größere Einheiten der Flotte einen Kanal mit einer jederzeitigen Mindesttiefe von 8,50 m, einer geringsten Sohlenbreite von 22 m bei einer Wasserspiegelbreite von mindestens 58 m. Die Brücken hätten wenigstens 35 m Lichtweite zu haben. Die Krümmungsradien dürften nicht unter 750 m messen. Zwei Ausweichstellen von 250 m Länge und 60 m Sohlenbreite wären vorzusehen, ebenso eine Wendestelle. Im Westen wäre eine 180 m lange und 120 m breite Schleusenkammer für die großen Schiffe anzulegen, eine weitere für die kleineren. Die Schleusen müssten vor Feindfeuer geschützt werden, das Elbfahrwasser ständig für 120 m lange Schiffe mit 8,10 m Tiefgang ausgebaggert werden. Die Böschungen hätten eine Fahrgeschwindigkeit von 5 sm zu gestatten.

Mit dieser Strategie will sie das ganze Projekt als unbezahlbar torpedieren, um dann, ganz im unveränderten Moltkeschen Sinn, zum Aufbau erheblich vergrößerter Flotten in Nord- und Ostsee zu kommen. Diese Forderungen sollen sich als schwerer strategischer Fehler im Machtspiel erweisen:

Die Kosten für dieses erweiterte Konzept liegen bei 156 Millionen Mark, davon allein 51 Millionen für die Zwecke der Marine. Wenn man in den Stäben geglaubt hatte, mit dieser Vorgehensweise und diesen Zahlen Bismarck schrecken zu können, hatte man sich verrechnet. Bei allem scheinbaren Eingehen auf Wirtschaftlichkeitserwägungen, interessiert es Bismarck im Grunde nicht, was der Kanal kosten würde: Er ist dabei, sein Nationalsymbol zu schaffen. Mit ihren maßlosen Forderungen, die der Politik und den Bürgern jetzt als im Sinne der Landesverteidigung zwingend erforderlich verkauft werden können, hat das Militär des Kanzlers Geschäft fabelhaft besorgt. Aus dieser Falle kommt es nicht mehr heraus. Seinen Forderungen wird im Kern Genüge getan. Es hält die Kanallösung auch weiterhin für falsch.

„Der Kanal" soll Helmuth von Moltke weiterhin begleiten:

Der Einladung, an der Grundsteinlegung am 3. Juni 1887 teilzunehmen, folgt er nicht, da er sich als Gegner des Kanalbaus *„nicht berechtigt"* fühle, an dieser Feier teilzunehmen.

Für den 6. April 1891 lädt Wilhelm II. ihn zu einer Kanalbesichtigung ein und nötigt ihn beim Frühstück in Königsförde mit der Frage, was er denn jetzt vom Kanal halte. Doch Moltke:

> *„Eure Majestät wissen, daß ich stets ein Gegner des Kanals gewesen bin, und ich würde es heute noch sein, wenn er noch zur Frage stünde; da er aber nun einmal gebaut wird, ist es mir interessant, und es freut mich, die Arbeiten daran zu sehen und wahrzunehmen, mit welchem Fleiß und mit welcher Sachkunde und Sorgfalt sie durchgeführt werden."*

Wilhelm lässt ein Monument, den „Moltke-Stein", errichten, der heute bei Schülp am Kanalufer auf einer bewaldeten Anhöhe zu bewundern ist.

Moltkes Verhalten nach 1873 bleibt in sich schlüssig und von Konsequenz, mit einer Ausnahme:

Im Rahmen weiterer Beratungen über den Kanal nimmt er 1881 wieder, wie 1864, eine grundsätzlich positive Haltung ein. Unter der Voraussetzung, dass alle volkswirtschaftlichen Bedenken beseitigt würden, solle man aus der Sicht des Militärs positiv votieren:

> *„Der militärische Nutzen eines Kanals von der unteren Elbe nach der Kieler Bucht, welcher die größeren Kriegsschiffe zu tragen vermag, ist augenfällig. Ein solcher Kanal bildet nicht nur die kürzeste, sondern auch eine völlig gesicherte Verbindung zwischen Nord- und Ostsee und gestattet unserer Marine, mit ihren gesammten Kräften in dem einen wie dem anderen Meere aufzutreten, während die Umschiffung der Nordspitze Jütlands verhindert werden kann, wenn dort eine feindliche Flotte auch nur einem unserer beiden Geschwader überlegen ist. …, wie denn überhaupt die projektierte Anlage vom rein militärischen Standpunkte aus nur befürwortet werden kann."*

Diese Stellungnahme bleibt ein Rätsel. Sie ist im Laufe der weiteren Debatte nicht aufgegriffen worden, auch nicht von Bismarck, der sie doch glänzend hätte verwenden können. In den Akten ist sie.

Moltke bleibt ansonsten bis zu seinem Tode 1891 seiner Linie treu.

Es soll noch dieses gesagt werden: Helmuth von Moltke ist d i e militärische Leitfigur im Deutschen Reich. Er gilt als unfehlbar. So ist es nicht erstaunlich, dass seine Ablehnung des Kanals aus militärischer Sicht im Reichstag 1873 nur den kleineren Teil dieser längeren Rede umfasst. Wenn er zu strategischen Themen spricht, muss er nicht lange begründen.

Seltsame Ehrung: Der „Moltke-Stein" bei Schülp.

Aber sowohl 1870 in seiner Rede vor dem Centralverein als auch im Reichstag nimmt er zu Dingen Stellung, für die er nicht Fachmann ist. Er äußert sich zu hochkomplizierten Kostenfragen, zur Preis- und Zinsentwicklung, zu Fragen der Technik, der Geographie, der Meteorologie und der Ökonomie. Die von ihm gegebenen Antworten sind geeignet, sein Ansehen zu beschädigen. Eine mögliche Erklärung für sein Verhalten kann sein, dass er nicht nur d e r deutsche Militär ist, sondern zugleich der prominenteste Abgeordnete im Norddeutschen, später im Deutschen Reichstag. Ganz sicher fühlt er als ein solcher auch eine allgemeinpolitische Verpflichtung, sich mit großen Fragen zu befassen, die nicht in sein Ressort gehören. Als Politiker mit Reichstagsmandat, ruhmbedeckt, wird er ohne Zweifel von vielen Verbänden und Vereinen zu Vorträgen eingeladen worden sein, so auch vom Centralverein, und bei seinem Pflichtbewusstsein nicht haben ablehnen können.

Ein Erstaunen, dass er sich auch zu fremden Themen äußert, resultiert aus einer Verkürzung des Blicks auf ihn. Er war eben nicht nur Militär, sondern auch prominenter Reichspolitiker, ein Abgeordneter, der grundsätzlich keine Sitzung des Parlaments versäumte. Und der sich, möglicherweise schlecht beraten, auf Terrains begab, von denen er wenig verstand. Vielleicht ließ er sich auch nicht beraten.

Man wird diese Beiträge wohl einer Mischung aus Selbstüberschätzung und falsch verstandenem Pflichtbewusstsein zurechnen dürfen.

Im Parlament

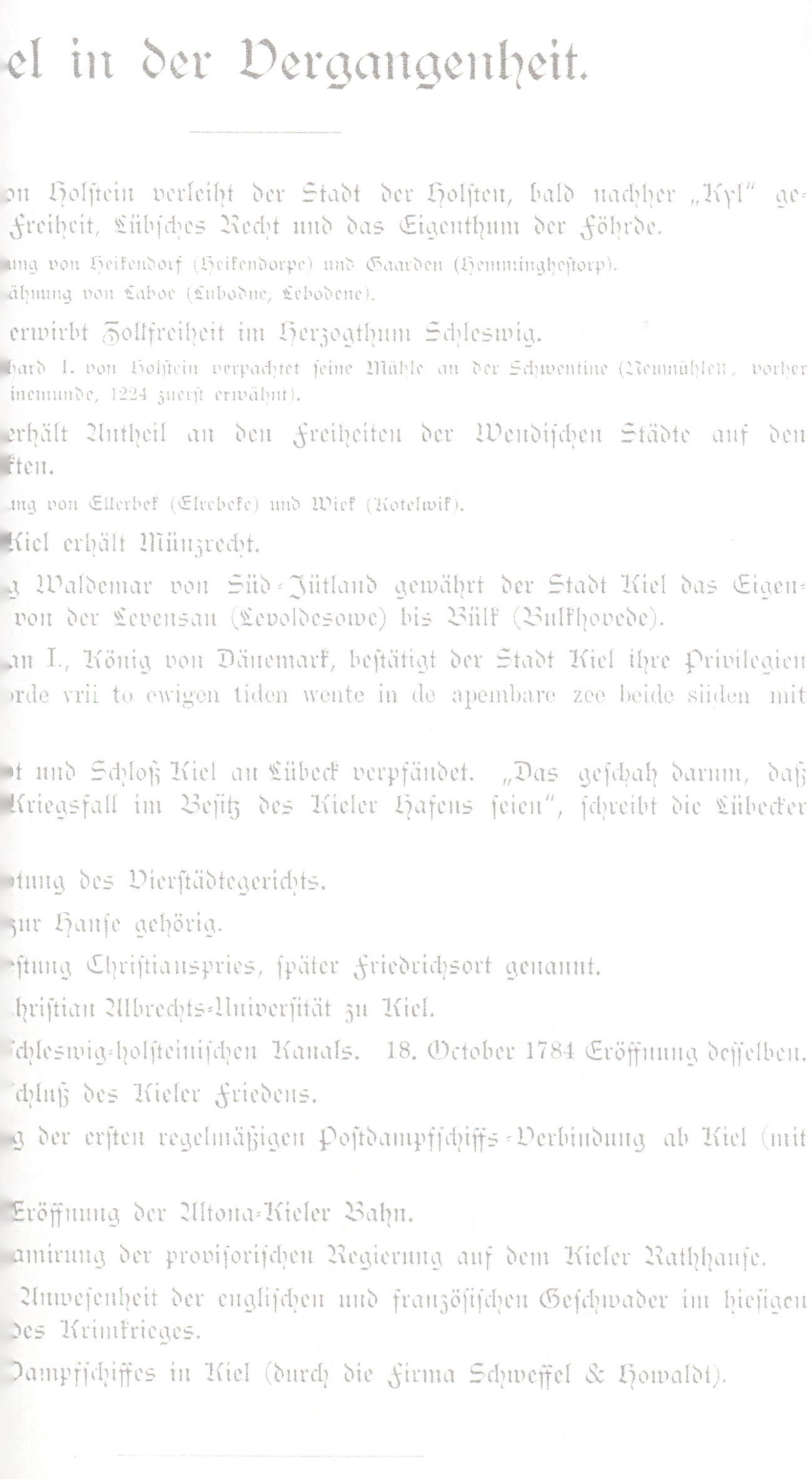
el in der Vergangenheit.

on Holstein verleiht der Stadt der Holsten, bald nachher „Kyl" ge-
Freiheit, Lübsches Recht und das Eigenthum der Föhrde.
ung von Heikendorf (Heikendorpe) und Gaarden (Hemminghestorp).
ähnung von Laboe (Lubodne, Lebodene).
erwirbt Zollfreiheit im Herzogthum Schleswig.
hard I. von Holstein verpachtet seine Mühle an der Schwentine (Neumühlen, vorher
inemunde, 1224 zuerst erwähnt).
erhält Antheil an den Freiheiten der Wendischen Städte auf den
ften.
ung von Ellerbek (Elrebeke) und Wiek (Kotelwik).
Kiel erhält Münzrecht.
g Waldemar von Süd-Jütland gewährt der Stadt Kiel das Eigen-
von der Levensau (Levoldesowe) bis Bülk (Bulkhovede).
an I., König von Dänemark, bestätigt der Stadt Kiel ihre Privilegien
rde vrii to ewigen tiden wente in de apembare zee beide siiden mit

ot und Schloß Kiel an Lübeck verpfändet. „Das geschah darum, daß
Kriegsfall im Besitz des Kieler Hafens seien", schreibt die Lübecker

tung des Vierstädtegerichts.
zur Hanse gehörig.
stung Christianspries, später Friedrichsort genannt.
hristian Albrechts-Universität zu Kiel.
chleswig-holsteinischen Kanals. 18. October 1784 Eröffnung desselben.
chluß des Kieler Friedens.
g der ersten regelmäßigen Postdampfschiffs-Verbindung ab Kiel (mit

Eröffnung der Altona-Kieler Bahn.
amirung der provisorischen Regierung auf dem Kieler Rathhause.
Anwesenheit der englischen und französischen Geschwader im hiesigen
des Krimkrieges.
Dampfschiffes in Kiel (durch die Firma Schweffel & Howaldt).

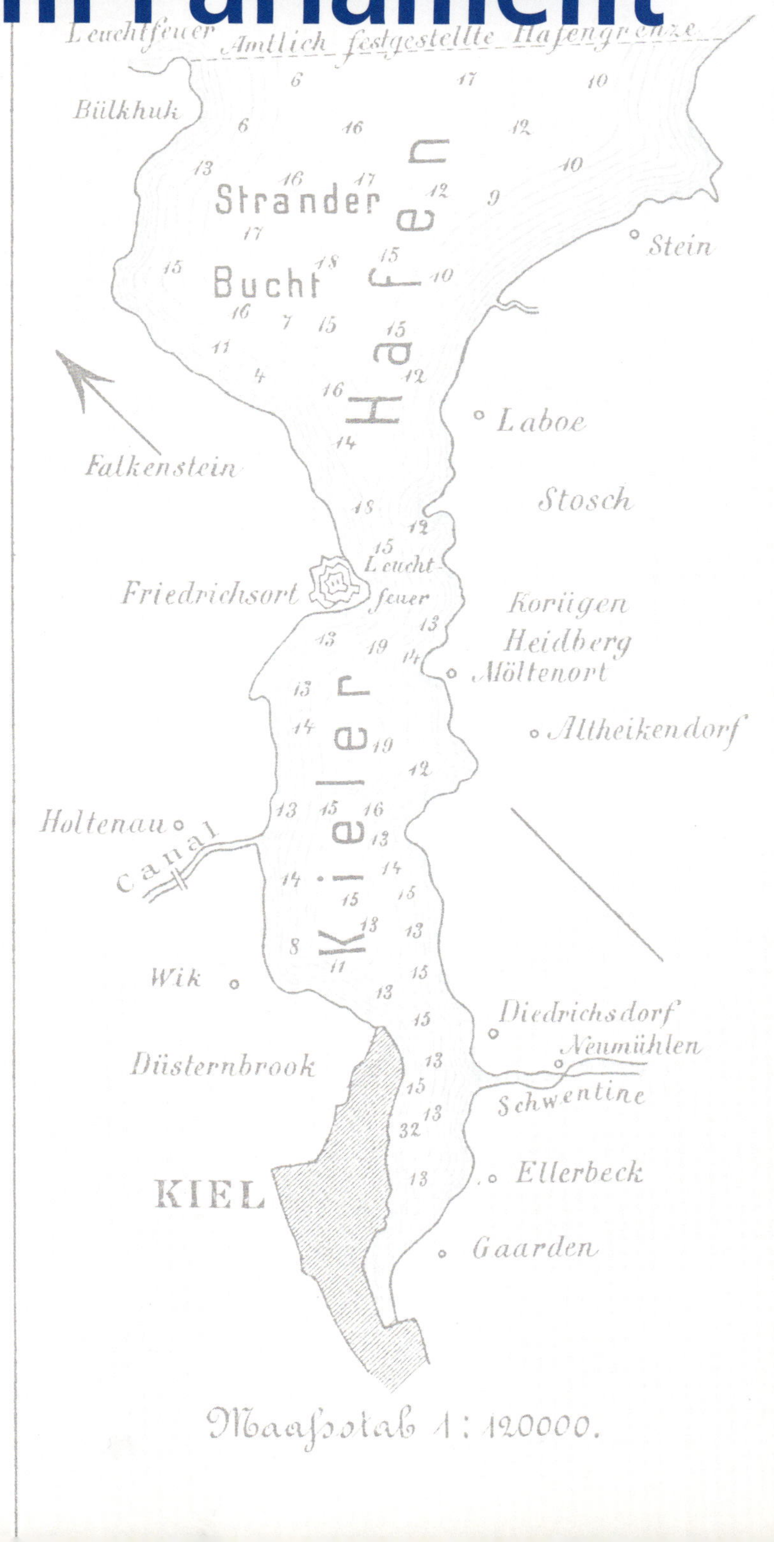

Bismarck nimmt kein Blatt vor den Mund: Das ist der wahre Zweck des Kanals, Dislozierung von Kriegsschiffen.

Die Beratungen der Fachgremien, die auch angewiesen waren, sich ausführlich mit den weiter entgegengenommenen Dahlströmschen Planungen und, vor allem, Rentabilitätsberechnungen auseinanderzusetzen, enden im März 1884 und werden noch im selben Monat im Staatsministerium diskutiert. Bismarck, der selbstverständlich um die Relativität aller wirtschaftlichen Prognosen weiß und sich daher bei seiner Argumentation für den Kanal, den er als großes Nationalsymbol sieht, auch nicht einen Augenblick ernsthaft auf dieses Gebiet begibt, betont, dass es auf eventuell vorhandene Handelsinteressen überhaupt nicht ankomme. Vielmehr stellt er apodiktisch fest, dass *„die Anlegung des Kanals eine Seekriegsmaßregel zu Gunsten der Vertheidigung des gesamten Deutschland sei und darin ihren Wert habe"*. Und er wiederholt sein ceterum censeo, dass zur vollen Wirksamkeit des Kanals dessen Fortsetzung zu Jade und Ems gehöre.

Da es sich also für Bismarck um einen Reichs-Militärkanal handelt, fordert er konsequent die volle Finanzierung durch das Reich, regt aber an, dass Preußen sich wegen seiner sich aus dem Kanal zugleich mit ergebenden Handelsinteressen à fonds perdu beteiligen sollte. Zu diesen Handels- oder auch generell wirtschaftlichen Interessen gehören, neben anderem, etwa Ersparnisse für das wegfallende Betreiben des Schleswig-Holsteinischen Kanals und der hinfällig werdenden Meliorationsmaßnahmen. So beschließt das Ministerium.

Am 31. März 1884 berichtet Bismarck dem Kaiser, zugleich unter Vorlage eines Gesetzesentwurfs, der einen für die Benutzung durch die Kriegsflotte geeigneten Seeschifffahrtskanal von der Elbmündung über Rendsburg nach der Kieler Bucht vorsieht. Zu einem Kostenvolumen von 156.000.000 Mark, unter Ansetzung eines verlorenen Zuschusses für Preußen in Höhe von 50.000.000 Mark. Die *„Allerhöchste Ermächtigung"* erfolgt am 6. April 1884:

Nach erneuter Beratung und letztendlicher Zustimmung des Staatsministeriums wird der Gesetzentwurf am 1. November 1885 dem Bundesrat zugeleitet. Dort stellt der Vertreter Würt-

Entwurf eines Gesetzes,

betreffend

die Herstellung des Nord-Ostseekanals.

Wir **Wilhelm,** von Gottes Gnaden Deutscher Kaiser,
König von Preußen ꝛc.

verordnen im Namen des Reichs, nach erfolgter Zustimmung des Bundesraths und des Reichstags, was folgt:

§. 1.

Es wird ein für die Benutzung durch die deutsche Kriegsflotte geeigneter Seeschifffahrtskanal von der Elbmündung über Rendsburg nach der Kieler Bucht unter der Voraussetzung hergestellt, daß Preußen zu den auf 156 000 000 Mark veranschlagten Gesammtherstellungskosten desselben den Betrag von 50 000 000 Mark im Voraus gewährt.

§. 2.

Der Reichskanzler wird ermächtigt, die Mittel zur Deckung der vom Reich zu bestreitenden Kosten bis zum Betrage von 106 000 000 Mark im Wege des Kredits zu beschaffen und zu diesem Zweck eine verzinsliche, nach den Bestimmungen des Gesetzes vom 19. Juni 1868 (Bundes-Gesetzbl. S. 339) zu verwaltende Anleihe aufzunehmen und Schatzanweisungen auszugeben.

Die Bestimmungen in den §§. 2 bis 5 des Gesetzes vom 27. Januar 1875, betreffend die Aufnahme einer Anleihe für die Zwecke der Marine- und Telegraphenverwaltung (Reichs-Gesetzbl. S. 18) finden auch auf die nach dem gegenwärtigen Gesetz aufzunehmende Anleihe und auszugebenden Schatzanweisungen Anwendung.

§. 3.

Von den nicht zur Kaiserlichen Marine gehörigen Schiffen, welche den Kanal benutzen, ist eine entsprechende Abgabe nach einem vom Kaiser im Einvernehmen mit dem Bundesrath festzustellenden Tarif zu entrichten.

§. 4.

Die vom Reich auf Grund dieses Gesetzes alljährlich zu verwendenden Beträge sind in den Reichshaushalts-Etat des betreffenden Jahres aufzunehmen.

Urkundlich ꝛc.

Gegeben ꝛc.

---

tembergs die Frage, was sich eigentlich hinsichtlich der militärischen Beurteilung des Kanals seit Moltkes Bewertung im Jahre 1873 geändert habe. Deutlich verlegen, weist der Kriegsminister auf die seither vergrößerte Flotte hin.

Trotz weiterer kritischer Fragen passiert der Entwurf am 10. Dezember 1885 das Gremium; einen Tag später geht er an den Reichstag ab.

Dort trägt als Stellvertreter des Reichskanzlers der Staatssekretär des Innern, von Boetticher, zur Begründung vor:

„Im Interesse der wirksamen Vertheidigung der deutschen Küsten durch unsere Marine ist die Herstellung eines Schiffahrtkanals von der Elbmündung nach der Kieler Bucht in Aussicht genommen, ein Unternehmen, welches zugleich wichtigen wirthschaftlichen Interessen dienen wird. Das zur Verwirklichung des Plans erforderliche Reichsgesetz wird Ihrer verfassungsmäßigen Beschlußfassung unterliegen."

Staatssekretär von Boetticher: His master´s voice.

Am 29. Januar sowie am 20. und 25. Februar 1886 berät der Reichstag. An keiner der Sitzungen nimmt der Abgeordnete Graf von Moltke teil. Er kann nicht gegen seinen Souverän stimmen, der nun das Gesetz hat einbringen lassen, müsste es aber, um seinem Gewissen zu folgen.

Der Abgeordnete Broemel, Stettin, legt sofort den Finger in die Wunde und stellt fest, dass die Marine nie den Kanal in ihre planerischen Überlegungen einbezogen habe, dass vielmehr für das Militär das Diktum des Grafen Moltke aus dem Jahre 1873 unverändert fortgelte. Er fordert also die Marine auf, Begründungen zu liefern, die den Bau des Kanals aus ihrer Sicht unabweisbar erfordern:

„Ich glaube nun allerdings, daß es die Aufgabe der Marineverwaltung sein wird, was zunächst die Vortheile des Kanals für unsere Flotte anbelangt, den ungenügenden Motiven noch sehr erheblich nachzuhelfen, und ich will mich mit der Hoffnung bescheiden, daß dies in der weiteren Berathung der Vorlage in ausgiebigem Maße geschehen wird. Denn das, meine Herren, müssen wir uns allerdings gestehen, daß der Theil der Vorlage, welcher die Frage der Bedürfnisse der Flotte behandelt, in sehr bedauerlicher Weise absticht von der Art und Weise, in welcher bisher gerade die Vorlagen der Marineverwaltung an dieses Haus gebracht worden sind. Bisher zeichneten sich alle Vorlagen, welche von der Marineverwaltung kamen, gerade dadurch aus, daß sie von vornherein dem Hause ein sehr reichhaltiges, klar geordnetes und gründlich durchgearbeitetes Material vorlegten. Ich würde es beklagen, wenn ein Vorgang wie dieser etwa die Folge haben sollte, daß wir uns demnächst auch von der Marineverwaltung Vorlagen zu versehen hätten, welche sich die gleiche Beschränkung auferlegen, wie diese."

Dann qualifiziert er die Vorschläge des Hamburgers Dahlström als interessengeleitet für sein Unternehmen und die Hansestadt Hamburg, die mit einem Schlage, es wurde ausgeführt,

Porträts aus dem deutschen Reichstag: 3. Ludwig Windthorst.

Immer streitbar: Ludwig Windhorst, Bismarcks großer Gegner.

zum bedeutendsten deutschen Ostseehafen würde. Er zieht auch all dessen Wirtschaftlichkeitsberechnungen, die die Grundlage für die kommerzielle Begründung des Kanals seitens des Staatsministeriums bilden, in Zweifel. Zu Recht, wie die Zukunft zeigen wird. Abschließend wendet er sich scharf gegen eine Bemerkung in der Regierungsvorlage, dass der Reichstag für alle negativen Folgen im Kriegsfalle einzustehen hätte, sollte der Kanal nicht beschlossen werden.

Der nach ihm sprechende Graf von Holstein widmet sich den möglichen wirtschaftlichen Vor- oder Nachteilen und technischen Fragen. Am Schluss fällt der Satz: *„Indessen weiß ich, daß unsere Marine den allergrößten Werth darauf legt, daß der Kanal entsteht. Das kann ich mir selbst sagen, daß die Marine durch denselben sozusagen verdoppelt wird.“* Er benennt nicht die Quelle seines Wissens. Seine Schlussfolgerung dürfte die Marine nicht erfreut haben.

Von Boetticher wiederholt, man habe bei Erstellung der Vorlage *„immer das Interesse der Landesvertheidigung im Auge gehabt und in erster Linie die Vortheile erwogen, die uns der Kanal mit Rücksicht auf die Vertheidigung des Deutschen Reichs zur See gewähren kann. Das ist der Hauptgesichtspunkt gewesen. Daß wir daneben auch für unsere Seeschiffahrt …“*. Der Abgeordnete Graf von Behr-Behrenhoff stellt überaus kritisch fest, dass er hinsichtlich der Bedeutung des Kanals für die Stärkung der Wehrkraft *„eine so knappe, kurze, so wenig ausreichende Begründung einer Regierungsvorlage kaum je erlebt habe“*.

So setzt sich die Debatte fort.

Der Beschluss lautet dann, dass die Sache an eine Kommission von einundzwanzig Mitgliedern verwiesen wird, die alle Gesichtspunkte Pro und Contra zu prüfen habe. Der Abgeordnete Windhorst hatte zuvor formuliert:

„Uebrigens wird die Kommission so zu prüfen haben, wie es sich verhält mit diesen maritimen Gesichtspunkten, ob ein rasches Zusammenwerfen der beiden Flotten aus der Ost- und der Nordsee zur Nothwendigkeit geworden ist in Folge der Entwicklung unserer maritimen Verhältnisse überhaupt, die weit über den ursprünglichen Plan, über den Plan für die Gründung der Flotte, hinausreichen. Wir haben früher ganz bestimmte Ideen gehabt; und es ist zur Zeit festgesetzt worden, wie die Flotte gebaut werden, und welchen Umfang sie haben solle. Jetzt scheint es mir, daß wir diesen Plan ein wenig oder ganz verlassen, daß wir uns in große Verwicklungen hineinstürzen, die eine enorme Flotte erfordern; und da soll der Kanal einige Erleichterung bringen.“

Die Kommission konstituiert sich am 12. Januar und legt ihren Bericht am 11. Februar 1886, nach sieben Sitzungen, vor. An erster Stelle befasst sich das Gremium mit der militärischen Bedeutung des Kanals. Sehr deutlich wird der Unmut zahlreicher Mitglieder über die unklare Haltung der Marine. Man will jetzt genau wissen, welche Vorteile der Kanal nun tatsächlich für die *„Hebung der maritimen Wehrkraft des Reiches“* spiele.

Ausreichende Auskunft habe die Gesetzesvorlage für die Beratung im Plenum nicht enthalten. *„Hohe Verantwortung"* trage die Marineverwaltung als höchste technische Autorität bei der Beantwortung aller diesbezüglichen Fragen. Der Flottengründungsplan von 1873 und sämtliche Denkschriften seither seien von der Voraussetzung ausgegangen, dass die Verteidigung der deutschen Küsten *„eine in sich getheilte"* sein und bleiben werde; der Bau des Kanals sei bei allen Vorschlägen niemals in Rechnung gezogen. Sollte jedoch die Admiralität den Bau stets für *„nothwendig"* gehalten haben, wie jetzt plötzlich in der Gesetzesbegründung *„angedeutet"* werde, dann habe der Reichstag sämtliche Beschlüsse in der Flottenfrage bisher auf der Grundlage mangelhafter Sachinformation getroffen.

Machte keine gute Figur: Kapitän Köster.

Darüber hinaus:

Wenn im Plenum die Behauptung aufgestellt werde, *„der Bau des Kanals komme in seinem Effekt nahezu einer Verdoppelung der vorhandenen Flotte gleich, so sei dies doch wohl eine Übertreibung."* Wenn es aber so sei, dann müsste man doch wohl erwarten können, dass die Forderung der Marine nach immer neuen Schiffen *„in Zukunft würde herabgemindert werden können"*.

Der Vertreter der Marine, der Kapitän zur See, spätere Großadmiral, Köster, windet sich und erklärt, wenn auch die Flottengründungspläne keine Erwähnung des Kanals enthalten hätten, bilde das dennoch keinen Widerspruch zur jetzigen Vorlage. Er nimmt dann die von den „Kanalfreunden" immer wieder ins Feld geführte Begründung auf, angesichts einer möglichen Blockade einer der deutschen Küsten müsse via Kanal der betroffene Bereich durch quasi verdoppelte Kräfte verteidigt werden. Der Aufbau zweier Flotten, die sowohl in der Nord- als auch in der Ostsee kräftemäßig dem Feind Paroli bieten könnten, komme nicht in Frage, insbesondere – dieses übrigens auch eins der Bismarckschen Argumente –, da man nie über genug seemännisches Personal verfügen werde, um eine solche Menge von Schiffen zu bemannen. Dann noch das Argument, der Kanal sei auf lange Dauer angelegt, während bei der begrenzten Lebenszeit der Schiffe von etwa 20 Jahren für die Neubauten untragbare Kosten auf das Reich binnen kurzer Zeiträume zukämen, würde man die Flotte absolut auf das Doppelte vergrößern.

Aus der Kommission wird darauf verwiesen, dass nach der Rede des Grafen Moltke niemals Widerspruch von Seiten der Marine gegen dessen Vorstellungen erhoben worden sei. Auch wird hervorgehoben, dass nach dem Deutsch-Französischen Krieg aus der Mitte des Reichstages der Antrag gekommen sei, 30 Millionen Thaler aus den Reparationsgeldern für den Kanal zu reservieren. Wenn die Marine einen dementsprechenden Wunsch geäußert hätte, wäre es gewiss zu einer Bewilligung schon Anfang bis Mitte der siebziger Jahre gekommen. Köster erwidert, die Marine habe stets den Kanal *„erhofft"*, angesichts der Vergrößerung der Flotten der potentiellen Feinde sei der Wunsch immer drängender geworden und so in die Vorlage eingeflossen. Der geäußerten Erwartung, durch den Bau des Kanals würden die Neubauwünsche der Marine reduziert werden, erteilt er eine klare Absage. Insgesamt wird der Auftritt als peinlich für die Marine empfunden. Viel Brustton, wenig Überzeugungskraft angesichts des tatsächlichen vorausgegangenen Verhaltens der Flotte, Widersprüchlichkeit, Lavieren, keine Richtung.

Die Kommission setzt sich dann ausführlich mit der Frage der Wirtschaftlichkeit auseinander, besonders mit den Dahlstömschen Berechnungen. Noch einmal klar wird in diesem Zusammenhang die Bedeutung der neuen Wasserstraße für die Hamburger Wirtschaft. Man ist sich insgesamt einig, dass man vom Kanal keine direkte Rentabilität erwarten dürfe, wohl aber eine allgemein positive Entwicklung von Handel und Schifffahrt in den betroffenen Gebieten von Nord- und Ostsee und, darüber hinaus, wohl auch im gesamten wirtschaftlichen Leben Deutschlands.

Mit einer marginalen Änderung zur Festlegung der Kanaltarife, die später auch in das Gesetz Eingang findet, beschließt die Kommission trotz deutlicher Vorbehalte:

„Der Reichstag wolle den Entwurf eines Gesetzes, betreffend die Herstellung des Nord-Ostseekanals, in der von der Kommission beschlossenen Fassung annehmen."

Man wird sagen dürfen, dass die Bemerkung des Kapitäns Köster zu einer Beschränkung der Flottenrüstung nach Inbetriebnahme des Kanals sehr deutlich die wahre Befürchtung der Marine widerspiegelt und den Kern ihrer Gegnerschaft zu diesem Projekt bloßlegt: In dem Augenblick, in dem – theoretisch – die vereinigte Flotte dem jeweiligen Gegner in Nord- oder Ostsee an Stärke angemessen überlegen ist, lässt sich der „natürliche" Appetit der Marine auf immer mehr und mehr und immer größere Schiffe nicht weiter begründen. Diesen aus ihrem Selbstverständnis heraus bestehenden Anspruch – insbesondere auch angesichts des sich abzeichnenden Wettrüstens – kann sie aus ihrer Sichtweise nicht aufgeben, ohne sich selbst aufzugeben. Hätte sie aber, Moltke folgend, einen Zwei-Fronten-Krieg in ihrem Szenario, müsste sie ohne Wenn und Aber eine reale Verdoppelung der Flotte, aufgeteilt in zwei selbständige Verbände, verlangen, dann aber konsequent den Kanal für überflüssig erklären! Hinzu kommt: Eine Zustimmung zur Kanallösung bedeutete in jedem Fall die Entblößung einer der beiden deutschen Küstenbereiche in Spannungs- oder Kriegszeiten. Vollkommen verantwortungslos angesichts möglicher Szenarien. Das müsste das Argument der Marine sein. Sie sitzt in der Glaubwürdigkeitsfalle.

Noch eines, was den Kanal in diesem Zusammenhang angeht: Eigentlich müsste die Marine auch ins Feld führen, dass es nicht möglich sei, „mal eben" zwei getrennte große Flottenverbände ad hoc gemeinsam im Kriegsfall operieren zu lassen. Das aber kann sie natürlich um keinen Preis zugeben; man ist schließlich die Kaiserliche Deutsche Marine, und die kann alles. Doppelte Falle.

Der Bericht geht an den Reichstag.

In der weiteren Beratung dort widmet sich die Debatte im Wesentlichen wirtschaftlichen Fragen, so auch den Auswirkungen des Kanals etwa auf die Industriegebiete an Rhein und Ruhr und in Oberschlesien. Eine zaghafte Stimme thematisiert noch einmal die Folgen des Kanalbaus hinsichtlich künftiger Forderungen der Marine. Nur der Abgeordnete Professor Albert Hänel, der bedeutende Staatsrechtslehrer aus Kiel, wird noch einmal grundsätzlich und holt aus:

„Mit vollem Rechte ist hier gesagt worden, daß weitaus im Vordergrunde die militärischen, die maritimen Interessen, die Interessen unserer Vertheidigung stehen. Es ist gar nicht zufällig, daß das Projekt, wie es jetzt allmählich herangereift ist, zuerst in Schleswig-Holstein im Jahre 1848 von einem Komitee – ich will nicht sagen, ausgearbeitet, aber angeregt worden ist, welches die Gründung der deutschen Flotte und speziell die Gründung einer schleswig-holsteinischen Flotte im Auge hatte. Das ist der historische Ausgangspunkt für alle diejenigen Projekte, die später ausgearbeitet sind. Ich möchte sagen, zu diesem ersten Ausgangspunkte sind wir jetzt bei praktischer Verwirklichung zurückgekehrt. Wir müssen anerkennen: das maritime, das Vertheidigungsinteresse ist das ausschlaggebende; dies ist es, welches wesentlich für uns die Herstellung dieses Kanals nicht nur nützlich, sondern nothwendig macht. …“

Engagiert für den Militärkanal: Albert Hänel, Kieler Abgeordneter.

Der Entwurf passiert den Reichstag in der von der Kommission vorgeschlagenen Fassung: In § 3 soll nunmehr geregelt werden, dass nicht der Kaiser die Tarife für die Kanalpassagen im Einvernehmen mit dem Bundesrat festlegt, sondern dass hierzu eine gesonderte gesetzliche Regelung erfolgen soll.

Schon fünf Tage nach der zweiten Beratung geht parlamentarische Runde, die abschließende Generaldiskussion. Das Hohe Haus befasst sich zunächst mit einer angemessenen Entschädigung für den Reeder Dahlström wegen der großen Leistungen, die er beim weiteren Vorantreiben der Kanalplanungen in den letzten Jahren erbracht habe. Alle sind sich einig, dass es zu einer seinen Verdiensten entsprechenden Honorierung kommen sollte.

Dann wendet sich die Debatte dem allgemeinen wirtschafts- und verkehrspolitischen Thema zu, ob die preußische Regierung durch außerordentlich niedrige Tarife für jedweden Eisenbahntransport und den mangelnden Ausbau wichtiger Binnenwasserstraßen nicht bewusst die Schifffahrt benachteilige, da sie für die Zukunft eindeutig den Transport auf der Schiene präferiere. Die Standpunkte bleiben kontrovers.

Schließlich spricht der Abgeordnete Dr. Bamberger noch einmal die nicht zurückgenommene Bewertung Moltkes über die Überflüssig-

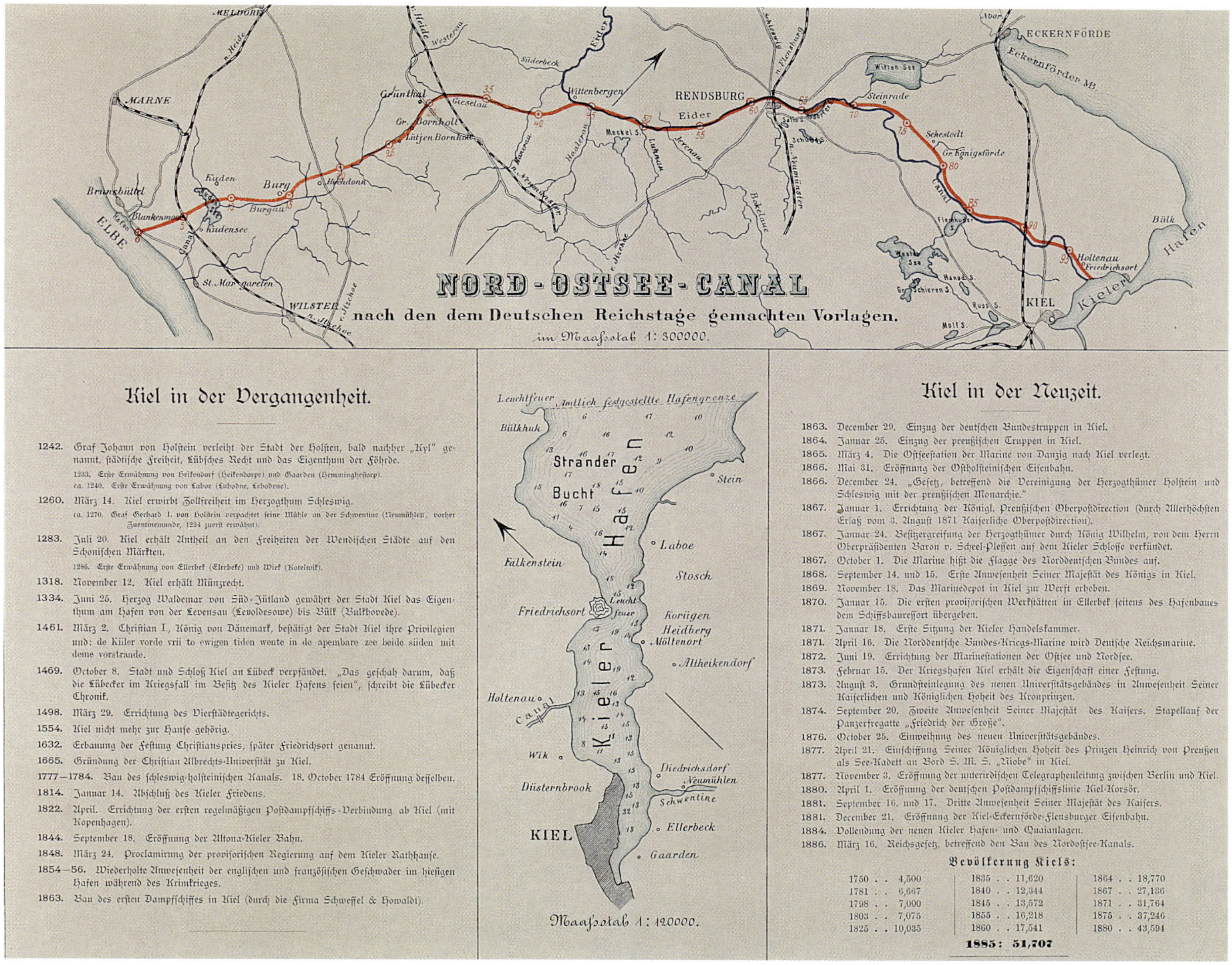

NORD-OSTSEE-CANAL

nach den dem Deutschen Reichstage gemachten Vorlagen.

im Maaßstab 1: 300000.

Kiel in der Vergangenheit.

1242. Graf Johann von Holstein verleiht der Stadt der Holsten, bald nachher „Kyl" genannt, städtische Freiheit, Lübsches Recht und das Eigenthum der Föhrde.

1233. Erste Erwähnung von Heikendorf (Heikendorpe) und Gaarden (Hemminghestorp).

ca. 1240. Erste Erwähnung von Laboe (Lubodne, Lebodene).

1260. März 14. Kiel erwirbt Zollfreiheit im Herzogthum Schleswig.

ca. 1270. Graf Gerhard I. von Holstein verpachtet seine Mühle an der Schwentine (Neumühlen, vorher Zuentinemunde, 1224 zuerst erwähnt).

1283. Juli 20. Kiel erhält Antheil an den Freiheiten der Wendischen Städte auf den Schonischen Märkten.

1286. Erste Erwähnung von Ellerbek (Elrebeke) und Wiek (Kotelwik).

1318. November 12. Kiel erhält Münzrecht.

1334. Juni 25. Herzog Waldemar von Süd-Jütland gewährt der Stadt Kiel das Eigenthum am Hafen von der Levensau (Levoldesowe) bis Bülk (Bulkhovede).

1461. März 2. Christian I., König von Dänemark, bestätigt der Stadt Kiel ihre Privilegien und: de Kiiler vorde vrii to ewigen tiden wente in de apembare zee beide siiden mit deme vorstrande.

1469. October 8. Stadt und Schloß Kiel an Lübeck verpfändet. „Das geschah darum, daß die Lübecker im Kriegsfall im Besitz des Kieler Hafens seien", schreibt die Lübecker Chronik.

1498. März 29. Errichtung des Vierstädtegerichts.

1554. Kiel nicht mehr zur Hanse gehörig.

1632. Erbauung der Festung Christianspries, später Friedrichsort genannt.

1665. Gründung der Christian Albrechts-Universität zu Kiel.

1777—1784. Bau des schleswig-holsteinischen Kanals. 18. October 1784 Eröffnung desselben.

1814. Januar 14. Abschluß des Kieler Friedens.

1822. April. Errichtung der ersten regelmäßigen Postdampfschiffs-Verbindung ab Kiel (mit Kopenhagen).

1844. September 18. Eröffnung der Altona-Kieler Bahn.

1848. März 24. Proclamirung der provisorischen Regierung auf dem Kieler Rathhause.

1854—56. Wiederholte Anwesenheit der englischen und französischen Geschwader im hiesigen Hafen während des Krimkrieges.

1863. Bau des ersten Dampfschiffes in Kiel (durch die Firma Schweffel & Howaldt).

Maaßstab 1: 120000.

Kiel in der Neuzeit.

1863. December 29. Einzug der deutschen Bundestruppen in Kiel.

1864. Januar 25. Einzug der preußischen Truppen in Kiel.

1865. März 4. Die Ostseestation der Marine von Danzig nach Kiel verlegt.

1866. Mai 31. Eröffnung der Ostholsteinischen Eisenbahn.

1866. December 24. „Gesetz, betreffend die Vereinigung der Herzogthümer Holstein und Schleswig mit der preußischen Monarchie."

1867. Januar 1. Errichtung der Königl. Preußischen Oberpostdirection (durch Allerhöchsten Erlaß vom 3. August 1871 Kaiserliche Oberpostdirection).

1867. Januar 24. Besitzergreifung der Herzogthümer durch König Wilhelm, von dem Herrn Oberpräsidenten Baron v. Scheel-Plessen auf dem Kieler Schlosse verkündet.

1867. October 1. Die Marine hißt die Flagge des Norddeutschen Bundes auf.

1868. September 14. und 15. Erste Anwesenheit Seiner Majestät des Königs in Kiel.

1869. November 18. Das Marinedepot in Kiel zur Werft erhoben.

1870. Januar 15. Die ersten provisorischen Werkstätten in Ellerbek seitens des Hafenbaues dem Schiffsbauressort übergeben.

1871. Januar 18. Erste Sitzung der Kieler Handelskammer.

1871. April 16. Die Norddeutsche Bundes-Kriegs-Marine wird Deutsche Reichsmarine.

1872. Juni 19. Errichtung der Marinestationen der Ostsee und Nordsee.

1873. Februar 15. Der Kriegshafen Kiel erhält die Eigenschaft einer Festung.

1873. August 3. Grundsteinlegung des neuen Universitätsgebäudes in Anwesenheit Seiner Kaiserlichen und Königlichen Hoheit des Kronprinzen.

1874. September 20. Zweite Anwesenheit Seiner Majestät des Kaisers. Stapellauf der Panzerfregatte „Friedrich der Große".

1876. October 25. Einweihung des neuen Universitätsgebäudes.

1877. April 21. Einschiffung Seiner Königlichen Hoheit des Prinzen Heinrich von Preußen als See-Kadett an Bord S. M. S. „Niobe" in Kiel.

1877. November 3. Eröffnung der unterirdischen Telegraphenleitung zwischen Berlin und Kiel.

1880. April 1. Eröffnung der deutschen Postdampfschiffslinie Kiel-Korsör.

1881. September 16. und 17. Dritte Anwesenheit Seiner Majestät des Kaisers.

1881. December 21. Eröffnung der Kiel-Eckernförde-Flensburger Eisenbahn.

1884. Vollendung der neuen Kieler Hafen- und Quaianlagen.

1886. März 16. Reichsgesetz, betreffend den Bau des Nordostsee-Kanals.

Bevölkerung Kiels:

1750	4,500	1835	11,620	1864	18,770
1781	6,667	1840	12,344	1867	27,136
1798	7,000	1845	13,572	1871	31,764
1803	7,075	1855	16,218	1875	37,246
1825	10,035	1860	17,541	1880	43,594

1885: 51,707

keit des Kanals aus militärischer Sicht an und verlangt eine direkte Stellungnahme des anwesenden Kriegsministers vor dem Plenum des Hauses zu diesem Komplex. Er wünscht angesichts der ungeheuren Investitionssumme von 156 Millionen Mark jetzt endlich eine absolut stichhaltige und klare Pro-Begründung. Er möchte Sicherheit. Und da leistet Bronsart von Schellendorf den Offenbarungseid, vollführt eine klassische Notbremsung:

„Ich glaube aber, meine Herren, diese Sicherheit besteht ohne weiteres dadurch, daß Ihnen der Gesetzentwurf im Auftrage Seiner Majestät des Kaisers vorgelegt worden ist. Die Verfassung gibt ja dem Kaiser das Recht, Festungen anzulegen u. s. w.; der Kaiser ist also die Autorität allein, die im Landesvertheidigungsinteresse zu befinden hat. Wie sollte ich nun dazu kommen, meine Herren, ohne daß dazu eine besondere Aufforderung ergeht, diese Frage hier überhaupt zu berühren! Ich glaube auch, meine Herren, - da der Herr Abgeordnete Dr. Bamberger auf den Herrn Feldmarschall Grafen Moltke Bezug genommen hat, - daß dessen Enthaltsamkeit in den diesmaligen Verhandlungen sich wesentlich darauf gründet, daß hier eine Vorlage Seiner Majestät des Kaisers dem Reichstage zugegangen ist. In der Autorität Seiner Majestät des Kaisers steckt ja die Autorität des Feldmarschall Grafen Moltke mit drin; wie also soll denn der Herr Feldmarschall sich hier

Darüber entscheidet der Reichstag (Anlage zum Gesetzesentwurf).

Friedrich Baensch verantwortet die endgültige Planung.

noch äußern? Soll er hier zu der Frage in positivem Sinne Stellung nehmen? Dann trägt er sozusagen einen Tropfen in das Meer. Soll er in negativem Sinne Stellung nehmen? Welche Situation wäre das für den Herrn Feldmarschall, hier seine Autorität gegen die Seiner Majestät des Kaisers auszuspielen!

Meine Herren, ich glaube, es ist streng verfassungsmäßig darin verfahren, daß die Militärverwaltung hier die Initiative zu einer besonders eingehenden Begründung nach der erörterten Richtung hin nicht genommen hat, sondern daß alle militärischen Organe, die hier bei dieser Frage in Betracht gezogen werden können, auf keinem anderen Standpunkt stehen, als auf dem Seiner Majestät des Kaisers; das ist selbstverständlich."

Diese verblüffende Beweisführung nimmt der weiteren Debatte jede Kraft. Zwischen Bamberger und dem Minister schleppt sich noch einige Zeit ein Hick-Hack hin; dann bittet der Präsident diejenigen Abgeordneten, die für den Entwurf stimmen, sich zu erheben. Er stellt fest:

„Das ist die Mehrheit. Der Gesetzentwurf ist angenommen."

Bismarck, Deutschland, die Welt und – die Marine bekommen den Nord-Ostsee-Kanal. Schon bald nach seiner Einweihung ist er bereits für die sich ankündigende nächste Generation der Großkampfschiffe zu klein. Darüber wird geschwiegen. Aber das ist eine ganz andere Geschichte.

Am 16. März wird das *„Gesetz betreffend die Herstellung des Nord-Ostsee-Kanals"* im Reichsgesetzblatt verkündet.

Am 16. Juli folgt dann das preußische *„Gesetz betreffend die Gewährung eines besonderen Beitrags von 50.000.000 Mark im Voraus zu den Kosten der Herstellung des Nord-Ostsee-Kanals"*.

Der Bau kann beginnen, auf der Grundlage der Planungen Lentzes, jetzt nach zahlreichen Überarbeitungen verantwortet von dem Wirklichen Geheimen Ober-Baurath Friedrich Baensch im Ministerium für Öffentliche Arbeiten. Unter seiner Leitung bekommt der Kanal sein endgültiges Gesicht, das er bis zum ersten großen Umbau ab 1907 beibehält. In Schleswig-Holstein übernimmt die Kaiserliche Kanal-Commission unter dem Geheimen Regierungsrath Carl Loewe die konkrete Umsetzung des Projekts.

Der Bau – Vom Entstehen eines Nationalsymbols

Die Menschen: Sie bauen …

Der Nord-Ostsee-Kanal.

Kanalarbeiter (Monarchen).

„Einfache" Menschen haben den Nord-Ostsee-Kanal gebaut. Sie, nicht die Politiker und Generäle, sind die wahren Helden dieser Geschichte: Die Besatzungen der Schuten und Schiffe, die Handwerker, die Baggerführer, die Männer an den Maschinen, die Schachtmeister, die für Verpflegung, Hygiene, Gesundheit der Arbeiter Verantwortlichen, vor allem aber die einfachen Erdarbeiter, die buchstäblich mit der Schaufel in Wind und Wetter geschuftet haben: Sie haben das Werk geschaffen, in dem der Kaiser sich dann sonnen kann. Aber es muss gesagt werden: Er ist sich der Leistung dieser Männer bewusst und ihnen tief dankbar. Immer wieder hat er es – glaubwürdig – gesagt.

Aus ganz Europa strömen die Arbeiter auf die Baustelle, fast immer kommen sie allein, manche bringen ganze Mannschaften mit, einige auch ihre Familien. Die meisten stammen aus den östlichen Provinzen der Monarchie.

Zwischen 1888/89 und 1894/95 sind zwischen 3000 und 6000 Mann beschäftigt, die höchste Zahl wird mit etwa 8000 im Juni/Juli 1892 erreicht.

Der preußische Staat organisiert die Fürsorge für seine Arbeiter straff. Der Kanal gilt als das große Feld der Bewährung des Staates für eine menschenwürdige Behandlung der dort tätigen Arbeiter. Das ist auch der Ehrgeiz des Kaisers, der ein Kaiser auch dieser Menschen sein will. Auch das soll Teil des Nationalsymbols sein.

Sozialdemokraten und Anarchisten werden nicht geduldet. Dennoch dürften viele der ersteren am kaiserlichen Werk mitgeschafft haben.

Die Arbeiter werden in Baracken oder ganzen Barackenlagern untergebracht, die von der Kanal-Commission betrieben werden und unter der Aufsicht von Verwaltern stehen. Die Betreuung einiger Barackenlager wird zuverlässigen Wirten übertragen, die jedoch besonderer Aufsicht durch die Kanalbehörden unterworfen sind. Die Anlagen enthalten Wirtschaftsräume wie Küchen, Waschküchen, Baderäume, Verkaufsstätten für Dinge des täglichen Bedarfs, die Schlafräume und einen Speisesaal. Im Regelfall teilen sich acht Mann einen Schlafraum. Für die Reinigung aller Anlagen gibt es besonderes Personal. Verheiratete Arbeiter haben die Möglichkeit, in den Baracken mit ihren Familien zusammenzuleben.

Die Zusammensetzung der Mahlzeiten ist genau geregelt; die anzubietende Menge Fleisch entspricht der des deutschen Heeres im Feld.

Für Kost (Frühstück und Mittagessen) und Logis bezahlt der Arbeiter 65 Pfennig am Tag. Sein Tagelohn, wenn er gewöhnlicher Erdarbeiter ist, beträgt durchschnittlich 3,30 Mark.

In den Kantinen der Lager werden weitere Genuss- und Nahrungsmittel angeboten. Die Preise setzt die Kanal-Commission fest.

Die ärztliche Fürsorge umfasst die regelmäßige Inspektion der Lager in hygienischer Hinsicht, Sprechstunden in den Arztzimmern und Revierstuben, wo auch leichter Erkrankte Behandlung finden. Schwerer Erkrankte und Verletzte werden im nächsten Krankenhaus behandelt, in Brunsbüttel, Rendsburg oder Kiel. Insoweit hatte die Kanalverwaltung mit der Ortskrankenkasse Brunsbüttel, dem Magistrat der Stadt Rendsburg und den Universitätskliniken in Kiel entsprechende Vereinbarungen abgeschlossen. Darüber hinaus richtet die Verwaltung kleinere Krankenhäuser in Burg i. D. und Hanerau ein. Das ärztliche Personal stammt aus

… den Kanal …

nächste Doppelseite:
… mit ihrer eigenen Hände Arbeit.

F Lindner

Für die damalige Zeit: Gut untergebracht.

der Region, die Verwalter kommen aus der Marine, Krankenpfleger sind tätig.

Jeder Arbeiter ist Mitglied in der von der Kanalverwaltung eingerichteten Krankenkasse, es sei denn, er ist über die Kasse seines Unternehmers versichert.

Für die geistliche Betreuung der Katholiken, die die Hälfte der Arbeiter ausmachen, entsendet das Bistum Osnabrück Geistliche; um die evangelischen Arbeiter kümmern sich die jeweiligen Ortspastoren sowie zwei von der Behörde angestellte „Kanal-Pfarrer".

Die äußeren Rahmenbedingungen sind für die Zeit vorbildlich, das Leben der Arbeiter am Kanal jedoch von großer Härte. Aber sie sind über Jahre sicher in Lohn und Brot.

Zu Beginn der Realisierungsphase des riesigen Vorhabens liegt eine detaillierte Planung vor, von der jedoch wegen schwieriger Bodenverhältnisse und technischer Probleme mehrfach erheblich abgewichen werden muss. Dennoch ist der Kanal nach einer reinen Bauzeit von sieben Jahren fertiggestellt, sicher im Plan.

Östlich vom Brunsbüttler Hafen in die Elbe mündend, durchquert er Elbmarsch und Burg-Kudener-Niederung bis er Burg i. D. erreicht. Dort trifft er auf das Tal der Holstenau, der er zur Wasserscheide zwischen Elbe und Eider folgt. Nachdem er das Tal der Gieselau berührt hat, läuft er durch das Reitmoor in das Gebiet der Eider. Von dort geht es weiter in Richtung Meckelsee mit einer bogenförmigen Annäherung an die Eider bis Schülp. In Abänderung der ursprünglichen Planung wird der Wasserlauf bei Westerrönfeld von der Eider weggeführt, um Rendsburg südlich zu umgehen. Dann läuft er auf die Obereiderseen zu, weiter

Der endgültige Kanalverlauf: Im Überblick …

nach dem Ort Sehestedt, den er zerteilt. Bei Königsförde trifft er auf das Tal der alten Eider, berührt das Nordende des Flemhuder Sees, erreicht die Wasserscheide zwischen Nord- und Ostsee. Nach dem Passieren von Landwehr und Projensdorf mündet er südlich des Ausgangs des Schleswig-Holsteinischen (Eider-) Kanals dann bei dem Dorfe Holtenau in die Ostsee. Da hat er von Brunsbüttel 98,65 km zurückgelegt.

Carl Loewe hat akribisch die technischen Daten aufgelistet, die die enormen Ausmaße des Bauwerks belegen:

„Die Dimensionen des Querschnitts des Kanals sind so gewählt, daß es möglich sein soll, daß zwei Schiffe von 6,5 m Tiefgang und nicht mehr als 12 m Breite bei vorsichtiger Fahrt an einander vorbeikommen. Die Sohlenbreite beträgt 22 m, die Wasserspiegelbreite bei Niedrigwasser 58 m, die Tiefe bei gleichem Wasserstande 8,5 m, bei Mittelwasser 9 m. Von Holtenau bis zu den Obereiderseen liegt die Sohle des Kanals waagerecht, von da bis zur Elbmündung hat er ein schwaches Gefälle von durchschnittlich 1 : 42 000. Die Unterwasserböschungen des Kanals haben bis zu 3 m über der Sohle eine Neigung von 1 : 3, auf die nächsten 4 m eine solche von 1 : 2, dann folgt 2 m

… und im Detail.

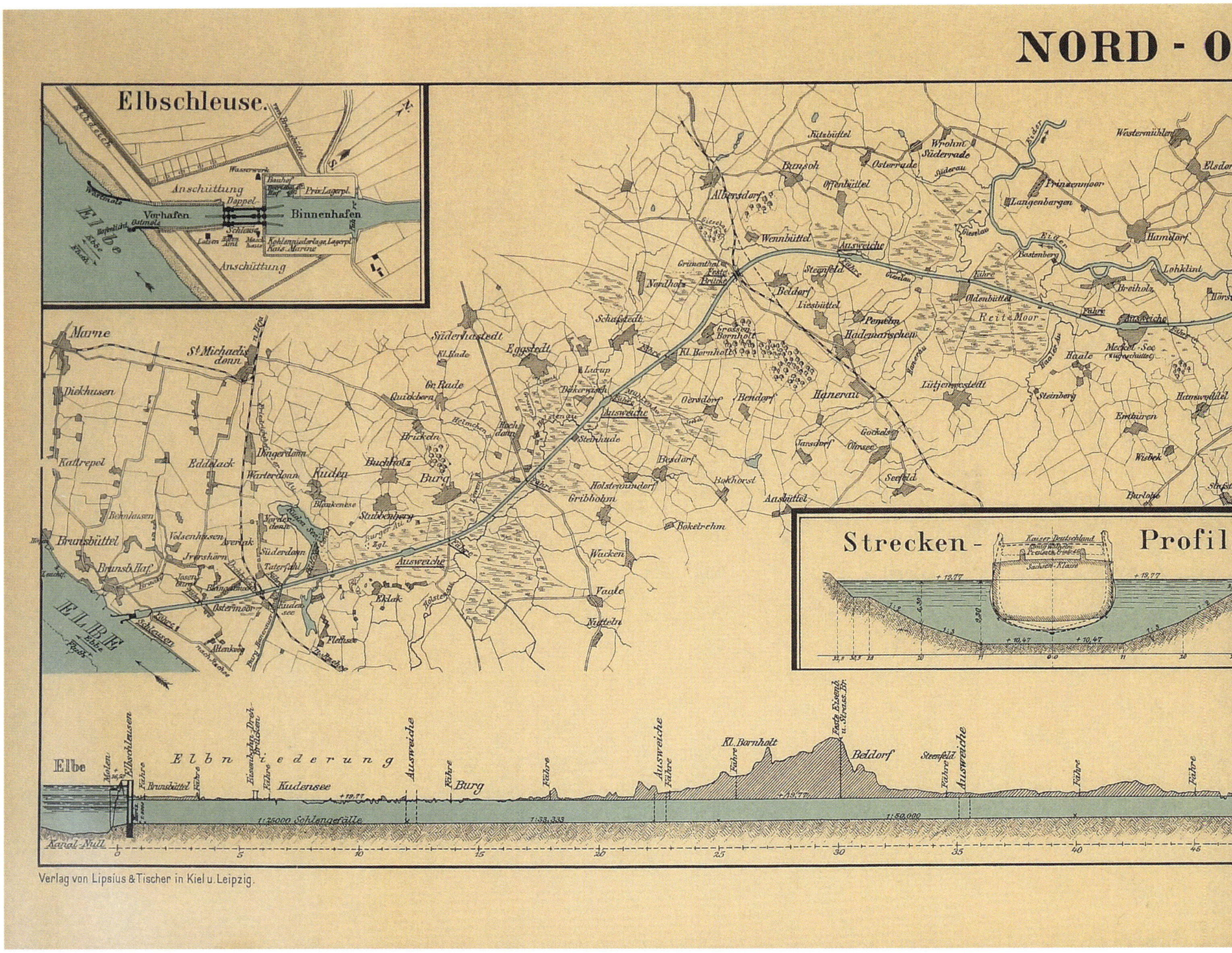

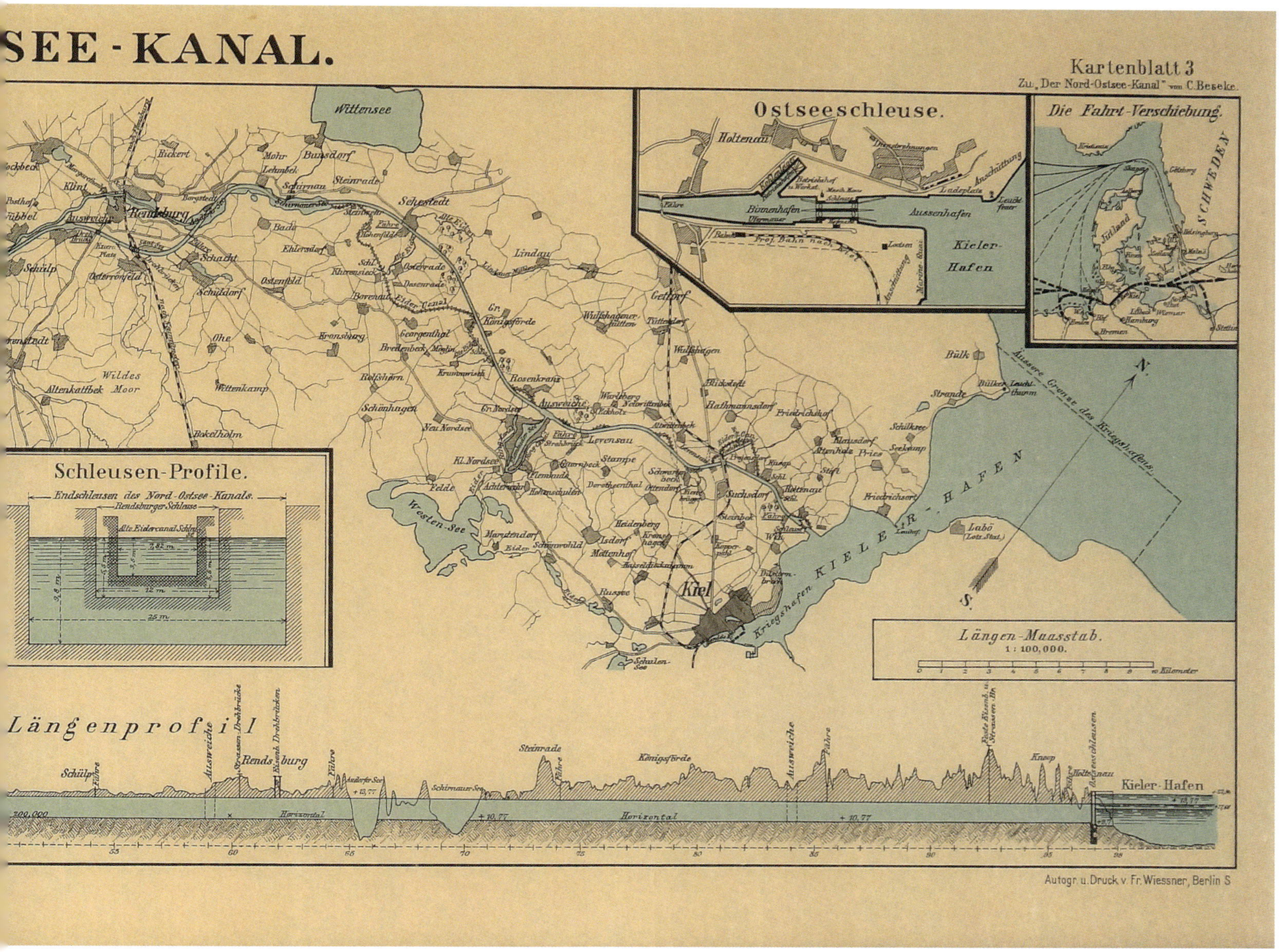
SEE-KANAL.
Kartenblatt 3
Zu „Der Nord-Ostsee-Kanal" von C. Beseke.
Ostseeschleuse.
Die Fahrt-Verschiebung.
Schleusen-Profile.
Endschleusen des Nord-Ostsee-Kanals.
Rendsburger Schleuse
Alte Eidercanal Schleuse
Längenprofil
Längen-Maasstab.
1:100,000.
Kilometer
Wittensee
Rendsburg
Kiel
Kieler-Hafen
Westen-See
Holtenau
Binnenhafen
Aussenhafen
Kieler Hafen
Gettorf
Schwedeneck
Jütland
Kriegshafen
KIELER HAFEN
Labö
Autogr. u. Druck v. Fr. Wiessner, Berlin S

Eindrücke von der Strecke.

Moorauftreibung bei Burg i. Dithm., Okt. 1891.

unter Mittelwasser ein Bankett von 2,5 bis 9,5 m Breite und bis etwa 1,5 m über diesem steigt dann die Böschung in einer Neigung von 1 : 1,5 empor, wo sich ein zweites nach dem Kanal zu leicht geneigtes Bankett anschließt. Die zwischen den beiden Banketts liegende Böschung ist auf verschiedene Art gegen Wellenschlag gedeckt. Wo sie im Trockenen hergestellt wurde, ist die Deckung unter Niedrigwasser durch starke Cementplatten, auf denen eine aus gespaltenen Granitfindlingen oder Klinkern hergestellte Pflasterung ruht, hergestellt; wo das nicht angängig war, besteht die Uferbefestigung aus Steinschüttungen. In den Curven von weniger als 2500 m Radius ist, um größeren Schiffen die Durchfahrung zu erleichtern, das Profil erweitert und zwar bei 1000 m Radius um 16 m, bei 1500 m um 11 m, bei 2000 m um 6 m und bei 2500 m um 1 m.

An 6 verschiedenen Stellen, in Entfernung von etwa 12 km von einander, sind Ausweichestellen von 60 m Breite in der Sohle und 450 m Länge vorgesehen, in denen die kleineren Schiffe festzumachen haben, um großen ihnen entgegen kommenden Schiffen, die für sich die ganze Breite des Kanals in Anspruch nehmen, diese überlassen zu können. Im Audorfer See ist ferner genügender Raum mit der erforderlichen Tiefe vorhanden, um auch den größten Schiffen das Wenden zu gestatten."

Der Kanal unterbricht zahlreiche bedeutende Verkehrsverbindungen, die wiederherzustellen sind.

So entstehen zwei Chausseebrücken, fünf Eisenbahnbrücken und sechzehn Fähren.

Bei Grünenthal wird zwischen den hohen Ufern des Kanals eine Hochbrücke gebaut, die die Bahnstrecke Neumünster-Heide und zugleich die Landstraße von Itzehoe nach Heide wieder verbindet. Technisch besonders ambitioniert ist die Brücke durch die Forderung der Marine nach einem Abstand von 42 Metern zwi-

Verkehrsbauwerke.

Hochbrücke bei Levensau, Mai 1895.

Der Nord-Ostsee-Canal. Blatt 14.

Verlag von W. Renard u. Schlicht Kiel 1895

Eisenbahnbrücke bei Rendsburg.

Der Nord-Ostsee-Canal. Blatt 13.

Verlag von W. Renard u. Schlicht Kiel 1895

Fähre bei Nobiskrug.

Der Nord-Ostsee-Canal. Blatt 16.

Verlag von W. Renard u. Schlicht Kiel 1895

Die Hochbrücke bei Grünenthal.

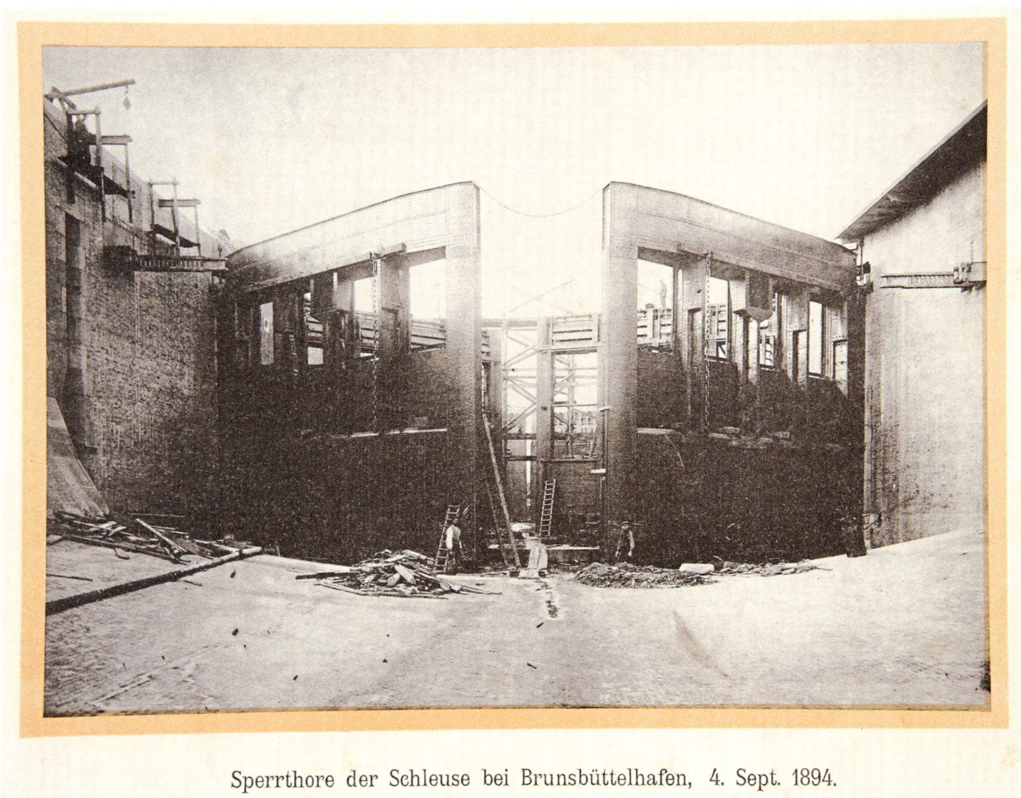

Die Schleusenbauwerke.

oltenau. Nach der Natur gezeichnet von Ferdinand Lindner

Nordsee-Schleuse bei Brunsbüttelhafen, Mai 1895.

Schleuse.

Der Nord-Ostsee-Canal. Blatt 17.

Verlag von W. Renard u. Schlicht Kiel 1895

Die Schleusen bei Brunsbüttel.

schen der Unterkante der Konstruktion und dem mittleren Kanalspiegel, um auch den höchstmastigen Kriegsschiffen die Durchfahrt zu ermöglichen. Das gilt auch für die zweite Hochbrücke, die Levensauer, die längere Zeit umstritten ist, bis dann ein Machtwort des Kaisers im August 1891 die Frage entscheidet.

An den Mündungen des Kanals entstehen die großen Schleusen; je 150 Meter lang und 25 Meter breit sind die beiden nebeneinander liegenden Kammern. Flut- und Ebbetore schließen den Kanal gegen Nord- und Ostsee ab. Ein Umlaufsystem sorgt für den Wasserausgleich. Sperrtore in der Mitte jeder Schleuse sind dazu bestimmt, *„das strömende Wasser im Kanal aufzuhalten, um in ihrem Schutze in ruhigem Wasser die eigentlichen Schiffahrtsthore schließen zu können"*, wie Loewe es formuliert.

Hoch motiviert hat der Bauherr das Fortschreiten des Werks begleitet, es ganz und gar zu seiner persönlichen Sache gemacht, wie ihm solches eigen war. Der Kanal ist „sein" Kind, wie könnte es anders sein.

Carl Loewe findet aus der Sicht der Zeit die angemessenen Worte:

„Zum ersten Male, am 6. Mai 1889, nahm Se. Majestät die eben begonnenen Arbeiten am Nord-Ostsee-Kanal in Projensdorf und Levensau in Augenschein, und seitdem hat unser Allergnädigster Kaiser nie in Kiel geweilt, ohne je nach der zur Verfügung stehenden Zeit längere oder kürzere Ausflüge an den Kanal zu machen, von dem Stande der Arbeiten Kenntnis zu nehmen, durch gnädige, ja herzliche Worte zu weiterem rüstigen Schaffen zu ermuntern und durch gütige Anerkennung des Geleisteten den Meistern und Gesellen Herz und Sinn zu erheben. Ja mitten durch den schweren Eisgang der Elbe drang der hohe Herr Anfang März d. J. von der Nordsee her nach Brunsbüttel, um die dortigen großartigen Schleusen und Hafenanlagen einer eingehenden Besichtigung zu unterziehen. Und daß Se. Majestät auch fern von Kiel und selbst im Drange der wichtigsten Regierungsgeschäfte den Nord-Ostsee-Kanal nicht vergaß und in gnädiger Gesinnung Seinem Antheil und Seiner Anerkennung für jedes bedeutsame Ereignis in der Geschichte dieses Baues herzerfreuenden Ausdruck gab, beweisen die beiden Depeschen, mit denen der Kaiserliche Herr die telegraphischen Anzeigen über die Eröffnung der Holtenauer und Brunsbütteler Schleusen am 29. September und 27. Oktober v. J. zu erwidern die Gnade hatte:

‚Nach Eröffnung der Ostseeschleusen, dieses wichtigen Theiles des großen nationalen Bauwerks, rufe ich den Beamten, Unternehmern und Arbeitern ein herzliches „Glück auf" zu. Möge das Werk den Meister loben, doch der Segen kommt von Oben.

Wilhelm I. R.'

und

‚Die Meldung von der erstmaligen Benutzung der Elbschleusen des Nord-Ostsee-Kanals hat mich mit Befriedigung erfüllt. Ich spreche der Kanalcommission Meinen Dank und gleichzeitig Meinen Glückwunsch zu diesem bedeutungsvollen Ereignis im Bau des Nord-Ostsee-Kanals aus.

Wilhelm I. R.' "

Große Inszenierung
3. Akt

Die „Hohenzollern" passiert die versammelte Flotte.

Nach acht Jahren ist der Kanal fertig; alles liegt im Plan.

Die große Aufführung der Übergabe an die Welt ist fast „über die Bühne".

Mit der Durchfahrt der *„Hohenzollern"* mit ihrem in- und ausländischen Gefolge hat der Kanal schon seine erste offizielle Probe bestanden. Der Schlussstein ist gesetzt, die Weihe vollzogen.

Doch zum vollen Bild fehlt noch das Wilhelm Allerwichtigste, die Vorführung seines „Riesenspielzeugs", der Flotte, die Parade, die Seeschlacht. Das ihm Schönste steht noch aus:

Aus dem Protokoll:

> *„Freitag, 21. Juni 3 Uhr Nachmittags. Flottenrevue. Sämmtliche deutsche Fürsten mit Gefolge und Ordonnanzoffizieren, die regierenden Bürgermeister der Freien und Hansestädte sowie sämmtliche fremden Fürstlichkeiten mit Gefolge und Ehrendienst schiffen sich dazu an Bord S.M. Yacht ‚Hohenzollern' ein. Anzug: Paradeuniform, für die Herren vom Civil kleine Uniform, bezw. Frack, weiße Cravatte, Cylinder."*

Pünktlich um 3 Uhr verlässt die *„Hohenzollern"* in Begleitung des Avisos *„Grille"* ihren Liegeplatz und wendet sich der vor Anker liegenden

„Armada“ zu. Die Presse nennt sie einen *„stolzen Schwan“*. Auf der obersten Kommandobrücke der Kaiser, allein und in großer Admiralsuniform. Unter ihm der *„commandierende Admiral“* und die Offiziere des Schiffs; darunter – an Deck – die *„Hohen und Höchsten Herrschaften“*, was für ein Bild.

Die Mannschaften der passierten Einheiten stehen in Parade. Auch die ausländischen Schiffe führen die Reichskriegsflagge, alle Bordkapellen spielen die Kaiserhymne, vielfaches *„Hurrah!“*, wenn die Yacht vorbeiläuft. Alle finden, dass sie das schönste ist, das man je gesehen hat, *„würdig, den Kaiser zu tragen, dessen Interesse für die See und die Marine ein so großes ist“*, wie die „Hamburgische Correspondenz“ findet. Nach einer Stunde kehrt die *„Hohenzollern“* in den Hafen zurück. Die großen Passagierdampfer mit weiteren illustren Gästen an Bord vollziehen wenig später die Parade nach. Die Mannschaften der ausländischen Einheiten bestaunen die maritime Pracht des Reiches. Die Herrschaften an Bord der deutschen Schiffe sind beeindruckt von Leistungsfähigkeit und seemännischer Tüchtigkeit der fremden Gäste. Jeweils große wechselseitige Begrüßung.

Zum Festmahl am Abend mit über tausend Gästen viel Marschmusik, dargeboten von Ensembles des 1. Seebataillons und des 1. Garde-Regiments zu Fuß: der *„Militärmarsch“* von

Die Festhalle soll auch die Kontinuität der deutschen Marine vermitteln.

Scheingefecht: Sie dürfen dabei sein.

DEUTSCHLAND.

W. Renard & Schlicht   Kiel 1895.

S. M. Yacht „Hohenzollern".

DEUTSCHLAND.

W. Renard & Schlicht   Kiel 1895.

S. M. Schulschiff „Stein".

DEUTSCHLAND.

W. Renard & Schlicht Kiel 1895.

S. M. Panzerschiff I. Cl. „Wörth".

DEUTSCHLAND.

W. Renard & Schlicht Kiel 1895.

S. M. Panzerschiff III. Cl. „Baden".

Schubert, der *„Feierliche Marsch"* aus *„Ruinen von Athen"* von Beethoven, der *„Festmarsch"* aus dem *„Tannhäuser"* von Wagner, aber auch der *„Mollwitzer Marsch"*, der *„Coburger Armeemarsch"*, der *„Hohenfriedberger"*, die *„British Grenadiers and Highland Laddies"* spielen auf, aber auch Walzer, Opernouvertüren werden gegeben.

Die Illumination der Schiffe auf der Förde entzückt das Auge. Das Flaggschiff des amerikanischen Geschwaders lässt ein riesiges Transparent erstrahlen, den Kaiser darstellend, und schießt Leuchtmunition in den Himmel, die für einen kleinen Krieg gereicht hätte: 8000 Dollar soll das alles gekostet haben.

Theaterdonner.

Aus dem Protokoll:

„Sonnabend, 22. Juni. 7 Uhr.

Seine Majestät der Kaiser schiffen Sich mit kleinem Gefolge auf S. M. S. ‚Kurfürst Friedrich Wilhelm', die deutschen Fürsten mit Gefolge und Ordonnanzoffizieren und die regierenden Bürgermeister der Hansestädte, sowie die fremden Fürsten mit Gefolge und Ehrendienst auf S. M. Yacht ‚Hohenzollern' ein.

Flottenmanöver für das Manövergeschwader. S.M. Yacht ‚Hohenzollern' folgt der Manöverflotte, die sonst zugelassenen Schiffe schließen sich der Kaiserlichen Yacht an."

Höhepunkt der Höhepunkte.

Jetzt zeigt das Deutsche Reich der versammelten Marine-Welt, was seine Flotte kann. Um 5 Uhr laufen im leichten Dunst der frühen Morgenstunde die Schulschiffe *„Gneisenau"*, *„Moltke"*, *„Stein"* und *„Stosch"* in die Außenförde, um von dort einen Angriff auf den Kieler Hafen vorzutragen, der allerdings von einer ihnen entgegenkommenden Panzerflotte abgeschlagen werden soll. Die kommandiert an Bord von *„Kurfürst Friedrich Wilhelm"* der Kaiser selbst. *„Brandenburg"*, *„Weißenburg"* und *„Wörth"* bilden mit *„Kurfürst"* die 1. Division, die Panzer 2. Klasse *„Baden"*, *„Bayern"*, *„Württemberg"* und *„Sachsen"* folgen, alle flankiert von Torpedobooten. Draußen entfalten sich die Schiffe zu Gefechtsformation. Die ausländischen Fachleute sind voller Bewunderung für die Präzision der Manöver im engen Gewässer. Da dampfen ihnen die den Feind darstellenden Schulschiffe entgegen, die chancenlos dem heftigen Feuer der Panzer ausgeliefert sind. Bei der herrschenden Windstille ist vor Pulverdampf bald kaum noch etwas zu sehen. Dennoch werden die notwendigen Bewegungen mit Bravour ausgeführt. Der „Feind" ist vernichtet. Die Panzer setzen sich in Kiellinie und erreichen bald den Kieler Hafen, Sieger.

Noch ein wenig Nachklang; die Gäste reisen ab, der Kaiser kann sich noch nicht trennen, macht Besuche auf ausländischen Schiffen, beehrt besonders Engländer und Russen in deren großer Gala. Dann ist auch das vorbei.

Was war?

Große Tage waren es, in die der Kaiser alles „hineingepackt" hatte, was ihm wichtig ist:

Sie waren wie ein enormer Paukenschlag, mit dem das neue Deutschland, vor allem aber sein Kaiser, sich gewaltig der Welt präsentierten. Eine Wasserstraße, mit der sich nur der „Suez" messen konnte, war dem Verkehr übergeben, jahrzehntelange Schwierigkeiten größten Ausmaßes überwunden, deutsche Ingenieurkunst hatte gezeigt, wozu sie fähig war, die Völker wurden einander näher gebracht, die Welt war gekommen, die Kaiserliche Marine, den Liebling Wilhelms, zu bestaunen, das Reich feierte in diesem vierundzwanzigsten Jahr seines Bestehens die bedeutendste Maßnahme überhaupt mit dem größten Spektakel überhaupt. Und das alles um einen herum, ihn, den Kaiser, Inbegriff und Garant der neuen Größe, herrlich.

Nun ist alles demonstriert.

Der Monarch ist hochzufrieden.

Die Abfahrt des deutschen Kaisers von Kiel. Originalzeichnung von Fritz Stoltenberg.

Der Kanal kann seiner Tagesarbeit zugeführt werden.

Und Schleswig-Holstein?

Die neue, die jüngste Provinz Preußens, in blutigen Kriegen gewonnen, kann sich schmeicheln, nun das große Nationalsymbol auf seinem Boden zu beherbergen: den Nord-Ostsee-Kanal, oder korrekt damals: den Kaiser-Wilhelm-Kanal. Schnell wird er zu einem seiner Identifikationssymbole, so wie Fahne und Lied, blau-weiß-rot und *„Schleswig-Holstein meerumschlungen"*. Und so sollte es bleiben, bis heute.

Nota bene:

Die Presse in Dänemark und Frankreich, in Großbritannien, Russland und den USA lässt sich von den Beteuerungen über die friedliche Natur des Kanals nicht täuschen: Überall ist man sich klar darüber, dass der Kaiser-Wilhelm-Kanal in allererster Linie für die Zwecke der schnell wachsenden Kriegsmarine gebaut worden ist. Gerade in Paris und St. Petersburg hat man sehr genau verstanden. Deshalb auch ist dort der Beschluss zur Teilnahme an den Feierlichkeiten nicht leicht gefallen. Besonders in Frankreich „schäumt" die veröffentlichte Meinung. Aber aus diplomatischen Gründen …

Die schönen Tage von Kiel sind nun zu Ende. Ein Gruß noch, ein Winken.

Zeittafel

1815	Der Wiener Kongress führt nach dem Ende der napoleonischen Herrschaft die Neuordnung Europas herbei. Unter Österreichs Führung tritt an die Stelle des Deutschen Reiches der Deutsche Bund. Ihm gehört das Herzogtum Holstein an. Der König von Dänemark, in Personalunion dessen Souverän, ist damit deutscher Bundesfürst.
1840–1848	In den Herzogtümern Schleswig und Holstein wachsen die Spannungen mit der dänischen Krone einerseits, zwischen den deutsch bzw. dänisch gesinnten, politisch bewussten Volksgruppenangehörigen andererseits. Die Krone in Kopenhagen strebt unter dem Einfluss des „Eiderdänentums" zunehmend die Einverleibung des Herzogtums Schleswig an. Im März 1848 wird ein entsprechendes Inkorporationsgesetz erlassen.
1848/49	Zusammentritt der ersten deutschen Nationalversammlung in Frankfurt am Main. Wesentliche Ziele sind die Schaffung eines einigen Deutschland, einer demokratisch geprägten Reichsverfassung, einer Zentralgewalt. Das freiheitliche Experiment scheitert am Widerstand der reaktionären Kräfte.
1848–1850	Nach Verkündung des Inkorporationsgesetzes erheben sich die Herzogtümer gegen Kopenhagen. Eine Provisorische Regierung steht einem unabhängigen Schleswig-Holstein vor, das vom Deutschen Bund anerkannt wird. Zwischen Schleswig-Holstein und Dänemark entbrennt der „Erhebungskrieg", den der Deutsche Bund zum Bundeskrieg erklärt. In dessen Verlauf verliert Schleswig-Holstein die militärische Unterstützung von außen, besonders die durch Preußen. Der dänische Sieg in der Schlacht bei Idstedt am 24./25. Juli 1850 besiegelt das Schicksal der Unabhängigkeit des Landes.
1852	Die Londoner Konferenz restituiert mit völkerrechtlichem Vertrag („Londoner Protokoll") den seit 1773 existierenden dänischen Gesamtstaat mit der besonderen Stellung der Herzogtümer, die nicht Bestandteil der Monarchie sind, sondern dieser im Staatsoberhaupt, dem König und Herzog, in Personalunion verbunden. Die Konferenz legt eine einheitliche Thronfolge in Dänemark und den Herzogtümern fest.

1853–1863	Zunehmende Danisierungsversuche Kopenhagens, besonders im Herzogtum Schleswig, entfachen verstärkt die nationale Unruhe in den Herzogtümern. Innenpolitisch wächst erneut der Druck auf die Krone nach endgültiger Inkorporation Schleswigs. Diese wird Ende 1863 mit der sogenannten „Novemberverfassung" vorgenommen.
1864	Wegen Verletzung seiner Rechte aus dem „Londoner Protokoll", das auch das Herzogtum Holstein als mitbetroffen umfasst, führt der Deutsche Bund zur Wiederherstellung des status quo ante Krieg gegen Dänemark. Den Krieg tragen die Truppen des Kaisertums Österreich und des Königreichs Preußen. Beide verfolgen bald eigene Ziele: Preußen die Inkorporation Schleswigs und Holsteins als Provinz, Österreich die Schaffung eines unabhängigen Staates mit Mitgliedschaft im Deutschen Bund. Nach der Kapitulation Dänemarks verzichtet dieses am 30. Oktober 1864 im Wiener Frieden auf seine Rechte an den Herzogtümern.
1864–1866	Preußen und Österreich üben gemeinsam Souveränität und Verwaltung über die Herzogtümer aus. Deren Zukunft ist offen.
1866	Schwere interne Spannungen unter den Mächten bieten den Vorwand zur Kriegserklärung Preußens an Österreich. Tatsächlich soll dieser Krieg die Vormachtfrage in Deutschland klären. Nach Verlust der Schlacht bei Königgrätz am 3. Juli 1866 überträgt Österreich im Frieden von Prag am 23. August seine Rechte auf Preußen.
1866/67	Gründung des Norddeutschen Bundes unter Führung Preußens. Bundeskanzler Otto von Bismarck.
1867	Am 19. Januar 1867 wird Schleswig-Holstein preußische Provinz.
1871	Am 18. Januar 1871 wird nach der Niederlage Frankreichs im Deutsch-Französischen Krieg das Deutsche Reich gegründet.
1884–1885	Gründung deutscher Kolonien (Schutzgebiete) in Togo, Kamerun, Südwest- und Ostafrika.
1888	Tod Kaiser Wilhelms I., Friedrichs III., Thronbesteigung Wilhelms II.

Literaturhinweise

Beseke, Carl: Der Nord-Ostsee-Kanal, St. Peter-Ording (Nachdruck) 1982

Becker, Otto: Bismarcks Kampf für den Nordostsee-Kanal, in Historische Zeitschrift, München · Berlin 1942

Bismarck, Otto von: Die gesammelten Werke (Friedrichsruher Ausgabe), Berlin 1924–1935

Degn, Christian: Der Schleswig-Holsteinische Kanal – seine Voraussetzungen und seine Entstehung, in: Mitteilungen des Canal-Vereins Nr. 1, Rendsburg 1980

Degner, Ingo: C. Hansens Kanalprojekt von 1857–1868, in: Mitteilungen des Canal-Vereins Nr. 4, Rendsburg 1983

Fehrenbach, Elisabeth: Wandlungen des deutschen Kaisergedankens 1871–1918, München · Wien 1969

Friedland, Klaus: Seemacht und Nationalstaat – Lorenz Steins Flottenkonzept von 1848, in: „Geschichte und Gegenwart“, Festschrift für K. D. Erdmann, hrsg. v. H. Boockmann, K. Jürgensen, G. Stoltenberg, Neumünster 1980

Fürsen, Ernst Joachim: Moltke und der Nord-Ostsee-Kanal, in: Mitteilungen des Canal-Vereins Nr. 1, Rendsburg 1980

Hansen, Reimer: Der Nord-Ostsee-Kanal-Plan Herzog Adolfs von Schleswig-Holstein-Gottorf aus dem Jahre 1571, in: Mitteilungen des Canal-Vereins Nr. 2, Rendsburg 1981

Hobson, Rolf: Maritimer Imperialismus, München 2004

Jensen, Waldemar: Der Nord-Ostsee-Kanal, hrsg. v. d. WSD Kiel · Neumünster 1970

Lagoni, Rainer, Seidenfus, Helmuth St., Teuteberg, Hans-Jürgen (Hrsg.) im Auftrage des Bundesministeriums für Verkehr: Nord-Ostsee-Kanal 1895–1995, Neumünster 1995

Loewe, Carl: Der Nord-Ostsee-Kanal, Festschrift zu seiner Eröffnung am 20.21.Juni 1895, Berlin 1895

Salewski, Michael: Die Deutschen und die See, Stuttgart 1998

Schulz, Walter: Der Nord-Ostsee-Kanal, Eine Fotochronik der Baugeschichte, Heide 1986

Schulz, Walter: Der Nord-Ostsee-Kanal vor dem Ersten Weltkrieg, Heide 1989

Sievers, Kai Detlev: Staatliche Feiern als dramatische Handlungen – Grundsteinlegung und Eröffnung des Nord-Ostsee-Kanals 1887 und 1895, in: Mitteilungen des Canal-Vereins Nr. 9, Rendsburg 1988

Stolz, Gerd: Der alte Eiderkanal – Schleswig-Holsteinischer Kanal , Heide 1984

Abbildungsnachweis

Schleswig-Holsteinische Landesbibliothek, Kiel

außer

Archiv Klaus Kramer: 39, 169

Boyens Buchverlag Archiv: Umschlag links, 18 unten, 19, 23, 44 links, 45 links, 58, 59, 61, 62, 91, 100, 101, 111, 113, 133,140, 141, 146

Kieler Stadt- und Schifffahrtsmuseum: Umschlag Mitte und rechts, 10–13, 19, 94 unten, 102, 114, 115

Privatarchiv Verfasser: 40

Stiftung Historische Museen Hamburg · Museum für Hamburgische Geschichte: 9, 15–17, 21, 24, 26

Alle Gedenkmünzen: Münzsammlung der Schlewig-Holsteinischen Landesbibliothek, Kiel

Gruss vom Nord-Ost-See-Kanale!
Holtenauer Festplatz.
Gruenthaler Bruecke.
Levensauer Bruecke.
F.W. Falke, Kunstdruck-Verlag, Dresden.

Personenregister

WILHELM I FRIEDRICH III WILHELM II

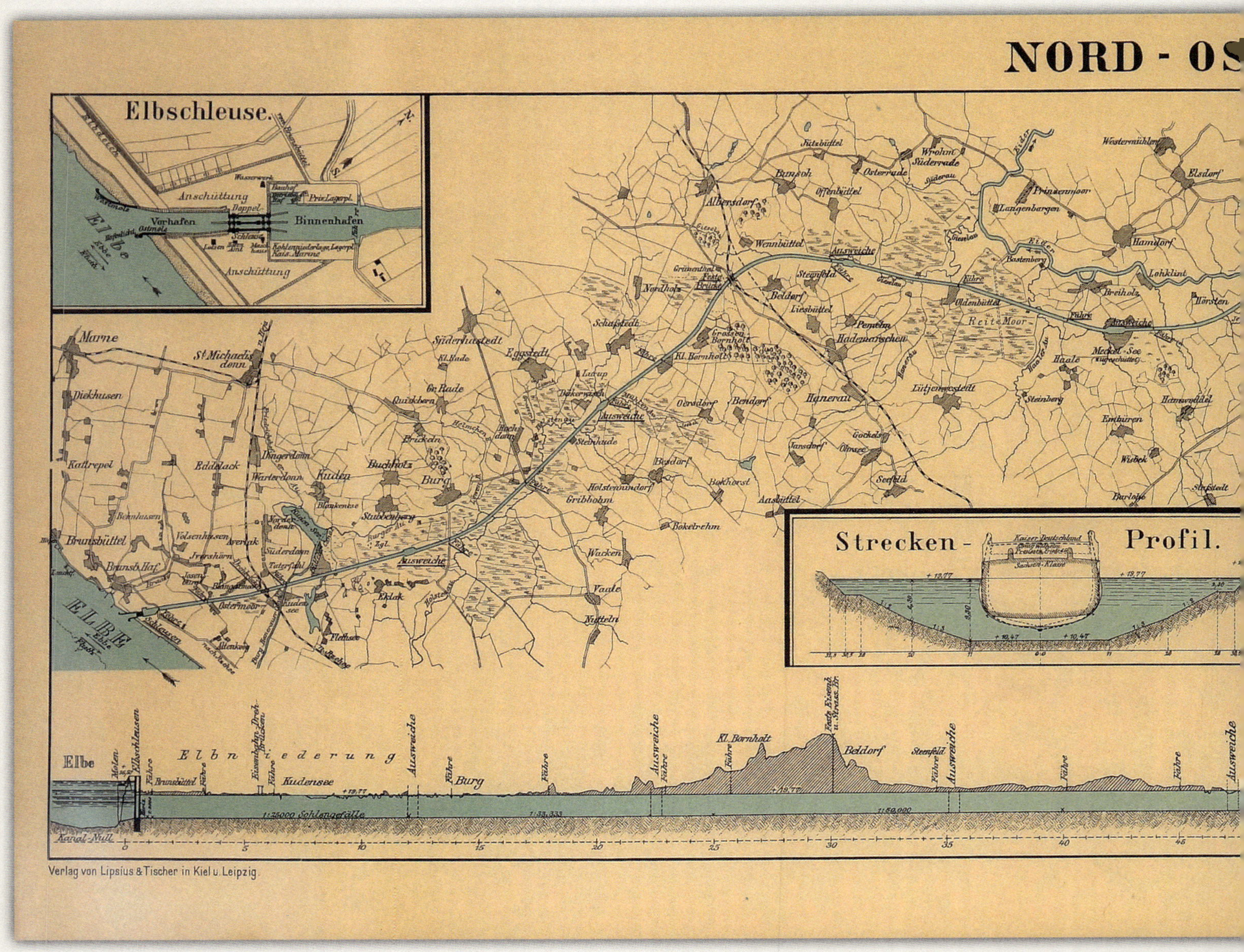
NORD - OS
Elbschleuse.
Vorhafen
Binnenhafen
Anschüttung
Strecken- Profil.
Elbe
Elbniederung
Burg
Kudensee
Ausweiche
Fähre
Kl. Bornholt
Beldorf
Marne
Dickhusen
Brunsbüttel
St. Michaelisdonn
Albersdorf
Hanerau
Wacken
Grünenthal
Hademarschen
Hamdorf
Verlag von Lipsius & Tischer in Kiel u. Leipzig.